「探究する道徳科授業」のための思考の技法

坂本哲彦 著

東洋館出版社

「探究する道徳科授業」のための思考の技法◆目次

第Ⅰ章　探究する道徳科授業と思考の技法

1　道徳科授業のための思考の技法……6
道徳科の目標から／思考の技法とその観点／思考の技法とその観点の捉え／教師による思考の技法の活用／子どもの活用に向けて／思考の技法・観点と思考ツール、及びＩＣＴ

2　探究する道徳科授業……17
探究の要件／これ以降の展開

第Ⅱ章　思考の技法とその観点

1　比較（①共通点／②相違点／③順序付け）……22
2　選択（④納得／⑤善悪・当為／⑥好悪・得意）……30
3　抽象化（⑦一般化／⑧簡潔化／⑨仮定）……38
4　具体化（⑩例示／⑪分割／⑫関係）……46
5　検討結果（⑬見通し／⑭原因／⑮損得）……54

6　課題把握（⑯問題点／⑰対立点／⑱関心事）……62
7　想起（⑲経験想起／⑳知識想起／㉑思考想起）……70
8　人の理解（㉒人物理解／㉓他者理解／㉔人間理解）……78
9　自己理解（㉕自分のよさ／㉖自分の不十分さ／㉗前向きな気持ち）……86
10　身体表現化（㉘動作化／㉙役割演技／㉚道徳的行為）……94

第Ⅲ章　思考の技法と道徳科授業

1　はしの上のおおかみ……104
2　るっぺ　どうしたの……112
3　心と心のあく手……120
4　あめ玉……128
5　ヒキガエルとロバ……136
6　銀のしょく台……144

7 手品師……152

第Ⅳ章 今後の展開と可能性

1 更に探究する道徳科授業にするための前提……162
なりたい自分像を明確にさせつつ、道徳科の目標やよさなどを学習する機会を充実する／学校の教育目標、道徳教育の重点目標などを学習する機会を充実する
2 更に探究する道徳科授業にするために……166
主体的かつ効果的な学び方を子ども自らが考えられるようにする／子供の問題意識と学習課題（めあて）や中心発問を一層関連付ける／学習活動の複線化（選択型）を工夫する／一〇の思考の技法と三〇の観点の今後
あとがき……177

第I章

探究する道徳科授業と思考の技法

1　道徳科授業のための思考の技法

道徳科の目標から

平成二九年七月に告示された小（中）学校学習指導要領の「特別の教科　道徳」（以下、道徳科）で示されている目標は、以下のとおりです。

> 第1章総則の第1の2の(2)に示す道徳教育の目標に基づき、よりよく生きるための基盤となる道徳性を養うため、道徳的諸価値についての理解を基に、自己を見つめ、物事を（広い視野から）多面的・多角的に考え、自己（人間として）の生き方についての考えを深める学習を通して、道徳的な判断力、心情、実践意欲と態度を育てる。
>
> ※（　）内、中学校

「よりよく生きるための基盤となる道徳性を養うため、道徳的な判断力、心情、実践意欲と態度を育てる」ことが目標の根幹です。それを実現するため、

① 道徳的諸価値についての理解を基に

② 自己を見つめ

③　物事を（広い視野から）多面的・多角的に考え

④　自己（人間として）の生き方についての考えを深める

学習を通す、とされています。

①〜④は、目標を達成するために道徳科授業が備えなければならない学習の要素や特質、条件と捉えることができます。どんな道徳科授業においても、濃淡はあってよいのですが、①〜④の要素が必要なのです。

本書では、必須の四つの要素を実現するための、また、特に「物事を（広い視野から）多面的・多角的に考える」学習にするための「子どもの思考の技法」を具体的に述べます。これらの技法、及びその下位の観点を子どもと教師が自在に活用することにより、探究する道徳科授業を実現しようとするものです。

なお、私は、拙著『「分けて比べる」道徳科授業』（二〇一八年、東洋館出版社）において、思考の技法の核となるものとして「分けて比べる」（類別対比、対比検討）ことを述べました。「分けて比べる」ことをこれまで以上に授業に取り入れることによって、学習指導要領の趣旨を生かした授業、ユニバーサルデザイン化された授業を一層充実し、誰もが参加し理解、納得できる、また、確かな思考や活動の伴う「学びがいのある授業」にしたいと考えています。

思考の技法	観 点		
1 比較	① 共通点	② 相違点	③ 順序付け
2 選択	④ 納得	⑤ 善悪・当為	⑥ 好悪・得意
3 抽象化	⑦ 一般化	⑧ 簡潔化	⑨ 仮定
4 具体化	⑩ 例示	⑪ 分割	⑫ 関係
5 結果検討	⑬ 見通し	⑭ 原因	⑮ 損得
6 課題把握	⑯ 問題点	⑰ 対立点	⑱ 関心事
7 想起	⑲ 経験想起	⑳ 知識想起	㉑ 思考想起
8 人の理解	㉒ 人物理解	㉓ 他者理解	㉔ 人間理解
9 自己理解	㉕ 自分のよさ	㉖ 自分の不十分さ	㉗ 前向きな気持ち
10 身体表現化	㉘ 動作化	㉙ 役割演技	㉚ 道徳的行為

思考の技法とその観点

本書では、表左欄のとおり、一〇種類の思考の技法と、その右に、それぞれに対応する三種類の観点（合計すれば、三〇の観点）を想定しました。これらは、解説の総合的な学習の時間編にも書かれている「考えるための技法」のようなものを道徳科で構想するなら、どのようになるのかを提起したものです。一〇種類の思考の技法と三〇の観点には、多くの重なりがある上に、漏れもあります。また、観点が別の違う技法ではないかと考えられるものもあるでしょう。

そのため、これらを使った授業（特に教師の働きかけ、子どもの姿）を評価する中で、それぞれの思考の技法や観点、及び全体を更によりよいものにしていきたいと考えています。

提案した思考の技法全体は、大きく二つに分けてつくっています。一つは、主として前半1～5の「より手段的な技法」です。もう一つが、主として後半6～10の「より目的的な技法」です。境目は明確ではありませんし、後半でも手段的と捉えることのできる技法（また、その逆）もあります。

そもそも思考の「技法」は、子どもがそれらの思考を用いて物事を多面的・多角的に検討、整理し、考えを論理的に展開することで、理解や認識を深めるための「方法」です。それにもかかわらず、考える上での目的的な「内容」を含んだものを後半に位置付けています。

しかし、それら後半部があることが「道徳科における」思考の技法である所以です。

思考の技法とその観点の捉え

一〇の思考の技法と三〇の観点は、「道徳科における」思考の技法及びその観点です。したがって、道徳科の「学習方法」として提案しています。しかし、同時に私は、これらの技法と観点が、道徳科の「学習内容」にもなるとよいのではないかと捉えています。

最初に書いた道徳科の目標を達成するための学習の要素には、「物事を（広い視野から）多面的・多角的に考える」が含まれています。今回の改訂の主要点でもありました。

そのため、どんな授業でも、程度の差はあれ、子どもの学習、思考が多面的・多角的である必要があります。ならば、一〇の思考の技法と三〇の観点が、小学校低学年から中学校にわたる九年間で、少しずつ子どもにも理解、納得され、技法として活用できるようになることがふさわしいと考えます。繰り返しになりますが、学習の要素の「道徳的価値の理解」や「自己を見つめ」、「自己（人間として）の生き方についての考えを深める」ことが、道徳科授業に必須の要素、学習内容だという

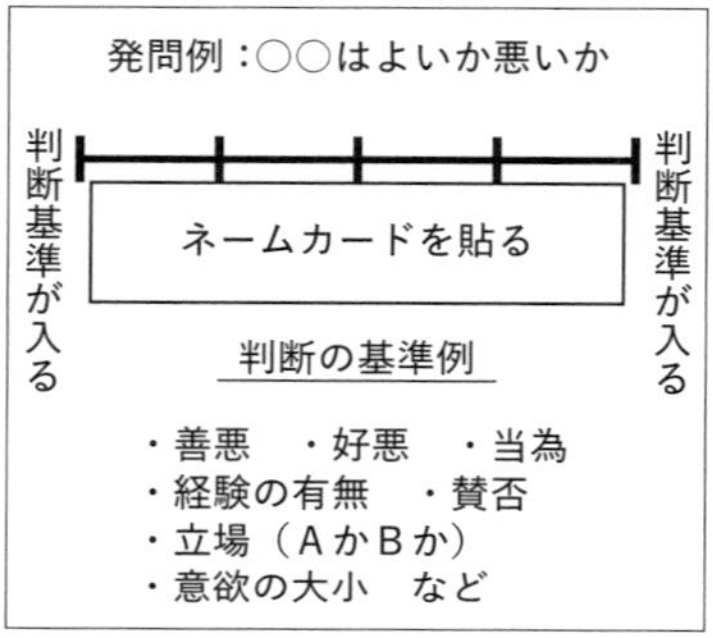
発問例：○○はよいか悪いか
判断基準が入る
判断基準が入る
ネームカードを貼る
判断の基準例
・善悪　・好悪　・当為
・経験の有無　・賛否
・立場（AかBか）
・意欲の大小　など

（例）道徳スケールの活用

のと同等に、多面的・多角的に考えること、及びその技法そのものも学習内容と捉え、育んでいきたいのです。

とは言え、思考の技法を子どもが容易に理解し、そのよさを味わい、積極的に使えるようになるとは、すぐには考えづらいです。そもそも教師でも、思考の技法や観点を十分に意識して授業をつくっているかというと、必ずしもそうではありません。

だからこそ、主題や教材を踏まえ、効果的なねらいを立てるとき、また、子どもの反応を予想し、授業全体の流れや山場の学習を構想するとき、特に、中心発問、更には、問い返しの発問をするときに、これらの技法や観点を使います。そうすることで、これまで以上に、「多面的・多角的に考える授業」にできますし、考えることが楽しい（意味ある、価値ある）と子どもが感じる授業にできます。教師がこのような授業を意図的に行う中で、子どもが思考の技法のよさを学び、自らが「これをこのように使ってみよう」と発言するような授業が可能となります。例えば、一般によく使われている道徳スケールのよさを知った子どもが、学習活動としてその活用を提案または、選択するような授業のようにです。

そのことで、「小学校学習指導要領（平成二九年告示）解説　特別の教科　道徳編」（以下、解説道徳編）にもあるとおり「発達段階に応じ、答えが一つではない道徳的な課題を一人一人の児童が自分自身の問題と捉え、向き合う『考える道徳』、『議論する道徳』へと転換を図る」に一歩でも近づけることができます。

教師による思考の技法の活用

思考の技法とその観点は、基本的には、教師の活用から子どもの活用へ、という流れになります。また、そうしていくべきです。

そこで、まず、教師の授業づくりに生かします。活用の視点は、主に四点あります。

1　教材を読む際の視点に活用
2　教材から学べるであろう道徳的価値、道徳的価値観の設定に活用
3　授業の発問、特に中心発問と問い返し発問に活用
4　他の道徳科授業との関連などを考える際に活用

思考の技法は、これまで右枠3にある中心発問や問い返し発問に生かすことが多かったのではないでしょうか。しかし、実際には、発問を考えるまでに1の教材解釈や2の価値理解がしっかりで

きていることが求められます。

そこで、予め設定してある主題と目の前の教材をもとに、子どもは何を学ぶのか、学ぶことが大切なのかを教師が適切に理解する技法として活用します。例えば、教材のどの場面とどの場面を「比較」すれば価値理解させることができるのか、比較する際には、**①共通点**を問うのか、**②相違点**を問うのか。また、この教材の人物の行動は「善いのか悪いのか」「どうすればいいのか」（**⑤善悪・当為**）を問えるのかなど、予め明確にすることができます。そのことは、同時に、教師自身の道徳的価値の理解を深めることになるため、実際の授業での子どもの価値理解、解釈を効果的に行うことができます。

最も活用の度合いの大きいのは、言うまでもなく、3の中心発問と問い返し発問においてです。詳細は第II章を読んでいただくこととして、発問は道徳科授業づくりの勘所です。これまでの拙著でも述べている「人物の内側に入ってなりきって考える発問」と「外側から人物を対象化して評価する発問」「価値解釈を深める発問」などに、思考の技法を入れて工夫することが有効です。

なお、他の道徳科授業や教材との関連、授業化の違いを検討する際にも、思考の技法が使えます。例えば、第III章に掲載している「はしの上のおおかみ」（低学年）と「心と心のあく手」（中学年）は、どちらも、「親切、思いやり」を内容項目としています。また、双方とも二つの場面が出ます。前者はよい行動とよくない行動なので**②相違点**で、後者は二つともよい行動として描かれているので①

共通点で検討するなら、道徳的価値の理解を深めさせられます。

子どもの活用に向けて

以上のような教師の授業づくりは、少しずつ、子どもの授業への参加（参画）の度合いを変化させます。「以前の授業で考えた方法、例えば、動作化して考えると人物の気持ちがよくわかる」とか「反対や違う人物の立場に立ったら考えが深まる」などです。そのような子どもの思考の変化を促す工夫があります。主に四つです。

一つめは、終末の振り返りの工夫です。内容に加えて学び方を振り返ります。例えば、発問で用いた技法を教師から紹介してそのよさを感じ取らせます。「今日は、人物の考えていることを気持ちと行動の二つに分割して考えました。分けて考えを整理する方法ですね。どうでしたか。生命を大切にする上で欠かせない二つの考え方がわかりましたね」などです。直前の学習ですし、板書にも残っていますから、思考内容を⑪**分割**して考えるよさをより理解できます。

二つめは、教師が発問を行うとき、同時に用いている思考の技法・観点を示すことです。「もしも、人物がこのまま何もしなかったとしたら、どうなると思いますか」「仮にこちらの方法をとったとしたら、どんなよさがあるでしょうか。『もしも』（⑨**仮定**）を使って考えてみましょう」のようにです。その上で、終末に「仮定」のよさについても振り返ります。

三つめは、発問全体を教師から示す前に、「問いを問う」方法です。教材の中には、「ここを考えてほしい」「ここしか考えられない」ように作成され（強い葛藤や疑問）、「考える内容や対象」が予め絞れる場合があります。そのときには、「今日は、何を考えますか」として、問う場面や内容を先に全体で合意します。その上で、「では、この場面で人物が思っていることをどのようにして想像しますか」と投げかけます。例えば、吹き出しや鉛筆対談を使って想像するとか、役割演技などの身体表現をして考える等を引き出して学習を行います。終末では、一つめ、二つめと同じく、学び方のメタ認知（どう思考したかを思考すると考えれば、メタ思考）をします。

四つめは、一〜三と平行して行う工夫です。授業中に子どもが自然に（不意に、無意識に）思考の技法・観点に関する言葉を発言したり書いたりすることがあります。そのときには、それらを教師が見付けて価値付け広げる取組を継続的に行います。例えば、「今の発言はとてもわかりやすかったよ。『例えば……』と例を示した（⑩例示）からだね。すごいなあ。ここに書いておくから、みんなも必要なときに使ってみましょう」と言いながら、その場で、教室の側面などに掲げているホワイトボードに「例えば……」と書き込みます。そして、それらを少しずつ増やしていきます。また、そこに書いてある言葉を自覚的に使った子どもがいたら、同様にしっかり認めます。このようにして思考の技法・観点を定着させていきます。

これら四つを継続し、子どもが思考の技法・観点を以降の学びに活用できるようにします。

思考の技法・観点と思考ツール、及びＩＣＴ

思考の技法やその具体的な観点は、あくまでも「言葉」（音声言語、文字言語によるもの）として記述しています。主たる技法をそれぞれ三つの観点で具体化、例示、活用できるように配置しました。思考の技法だけを取り出して並べると、次のようになります（1～5が主として手段的な技法、6～10が主として目的的な技法、と捉えてまとめています）。

1　比較	2　選択	3　抽象化	4　具体化	5　結果検討
6　課題把握	7　想起	8　人の理解	9　自己理解	10　身体表現化

「1　比較／2　選択」、「3　抽象化／4　具体化／10　身体表現化」、「7　想起／6　課題把握／5　結果検討」「8　人の理解／9　自己理解」が類似の、または相反する関係になっています。

観点だけを書き上げると次のようになります。

①共通点	②相違点	③順序付け	④納得	⑤善悪・当為	⑥好悪・得意
⑦一般化	⑧簡潔化	⑨仮定	⑩例示	⑪分割	⑫関係

⑬見通し　⑭原因　⑮損得
⑯問題点　⑰対立点　⑱関心事
⑲経験想起　⑳知識想起　㉑思考想起
㉒人物理解　㉓他者理解　㉔人間理解
㉕自分のよさ　㉖自分の不十分さ　㉗前向きな気持ち
㉘動作化　㉙役割演技　㉚道徳的行為

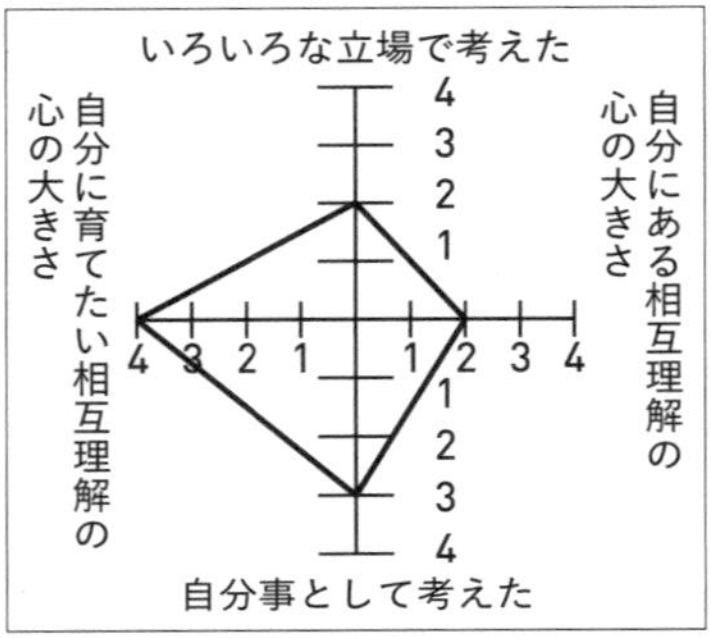

いろいろな立場で考えた
自分にある相互理解の心の大きさ
自分に育てたい相互理解の心の大きさ
自分事として考えた
4
3
2
1
4
3
2
1
1
2
3
4
1
2
3
4

（例）授業後の振り返り

何もないところにこれらの観点を使って考えさせることは少ないです。一般には、二つ以上の事象（行動、場面、事柄など）や考え（意見、提案、評価など）があるようにした上で、①～㉚を投げかけます。したがって、二つ以上の事象等を出させる方法も重要になります。

本書では、技法に合わせて、いくつかの思考ツール（例えば右上の図等）も提案しています。ただし、思考の技法・観点と思考ツールを一対一で対応するようには提案していません。ツールは、思考の技法を促進できるのであれば積極的に使う、というスタンスです。同様に、タブレット端末などが効果的に活用できれば、可能な範囲で活用する、という立場です。

全体として「思考の技法」そのものを提案します。

2　探究する道徳科授業

探究の要件

本書は、探究する道徳科授業のための思考の技法及びその観点を提案していきますが、ここで「探究する道徳科授業」の要件について触れておきます。「探究する道徳科授業」について、所与の規定はありません。多様な探究的な授業、探究する子どもの姿が想定できます。

現行の学習指導要領にある「児童が自ら道徳性を養う中で、自らを振り返って成長を実感したり、これからの課題や目標を見付けたりすることができるよう工夫すること。その際、道徳性を養うことの意義について、児童自らが考え、理解し、主体的に学習に取り組むことができるようにすること」（小学校学習指導要領「第3章　特別の教科　道徳」の「第3　指導計画の作成と内容の取扱い」の2の⑶）が生かされた授業を「探究する道徳科授業」の重要な要件と考えます。

探究の対象は、自らの成長やこれから生きる上での課題解決や目標達成です。更に、「指導のねらいに即して、問題解決的な学習、道徳的行為に関する体験的な学習等を適切に取り入れるなど、指導方法を工夫」した授業であることや、「その際、それらの活動を通じて学んだ内容の意義などについて考えることができるように」した授業（同⑸）などを想定しています。そこには、前提として、子どもの「なりたい自分像」が必要です。

探究する道徳科授業は、日常の生活や身近な社会に起きている複雑な、または、なかなか見えづらい道徳的価値に根差した問題について、これからの自分自身の生き方に生かしていくことを見通しながら、その本質を見極めようとする「子ども自身の連続的で不断の学習」です。

「主体的な学習」と言うのは簡単ですが、すべての子どもが主体的に学べるようにすることはとても難しいことです。そのため、ここで提案する「思考の技法とその具体的な観点」を少しずつですが、授業に、そして、子どもの思考や活動に取り入れ生かすことで、より「主体的」で「探究的な学習」にしたいのです。

道徳科授業のユニバーサルデザイン化で主張している「焦点化」「視覚化」「共有化」「身体表現化」「分けて比べる」も「探究する道徳科授業」の要件と考えます。

なお、本書は、拙著『道徳授業のユニバーサルデザイン』（二〇一四年、東洋館出版社）及び『「分けて比べる」道徳科授業』（二〇一八年、同）の後継書という位置付けです。

したがって、すべての子どもが楽しく「考える・わかる」授業づくり、「分けて比べる」授業づくりを更に発展させようとするものです。併せてお読みくだされば幸甚です。

これ以降の展開

第Ⅱ章では、一〇の思考の技法一つ一つについて、それぞれ八ページにまとめています。最初の二ページで、その技法の全体像（技法の意味や活用のねらい、場面など）を述べます。そして、その後、技法の具体である三つの観点を順に、それぞれ二ページで説明します。

それぞれの観点（全部で三〇観点）では、あえて違う教材を取り上げ説明しました。また、それらの授業はすべて、私が実践した授業から選んでいます。

一単位の授業全体を述べるのではなく、その技法、観点を使った授業場面、発問、学習活動に焦点化しました。それでも、授業のねらいや掲載している授業場面以外の様子も、可能な範囲でわかるようにしました。そのため、当該観点に焦点化しつつ、他の観点も見える記述です。

また、そもそも①〜㉚の観点は重なりが多く、子どもがよく似た思考や活動をしているものがあります。抜けもありますし、取り上げられなかった技法・観点もあります。説明では、その都度、観点の意味を規定しながら述べるように意識してまとめています。

なお、言うまでもなく、実際の授業においては、思考の技法・観点を一つしか使わないなどということはありません。いくつもの技法、観点が順々に、あるいは、同時並行的に提示、意識、活用されながら学習は展開されていきます。

そこで、第Ⅲ章では、思考の技法に着目しながら、一つの授業をはじめから最後まで述べました。はじめに「探究する子どもの姿とそれを支える思考の技法・観点」を三点抽出します。その後「授業の展開」で子どもや教師の姿を述べ、最後に「更に探究的な授業にするために」として、二、三点の新たな追加提案をしています。低、中、高学年合わせて、七授業です。

第Ⅲ章も私が実際に授業をしたものを掲載しています。また、これまでの拙著、共著、学会などで一度発表したものが多くあります。それらを、今回提起する思考の技法・観点から改めて整理するなら、どのように解釈できるのか、授業で活用した技法や観点を自分なりに明らかにしながら（同時に、焦点化しながら）自らの授業を検討、評価しようとするものです。

第Ⅱ章、第Ⅲ章は、順に読むだけではなく、読者の方の興味・関心が高いところから読んでいただくこともよいと考えています。

第Ⅳ章では、第Ⅲ章までで述べてきた内容を更に発展させて、今後、どのような「探究する道徳科授業」が実践可能なのか、どのように展開、発展させればよいのかを述べます。この部分も、可能な範囲で私の行った授業を入れています。主体的な学習、複線型の学習などを含め、「探究する道徳科授業」にするために必要な子どもへの幅の広い指導を中心に、保護者、地域等との連携・協働などについても触れました。

第Ⅱ章

思考の技法とその観点

1 比較

①共通点　②相違点　③順序付け

思考の技法の筆頭は、「比較」です。共通点、相違点、順序付けの三観点を設定しました。

授業で取り扱ういくつかの事物、出来事、行動、感情、考え、感想などを「比較」することは、思考を進める上での基本であり、出発点です。どんな思考の技法においても「比較」の要素は、少なからず入っています。また、何かがわかるという場合、比較するからこそわかる部分が多い、ということでもあります。今回取り上げた「思考の技法」の最初に「比較」を位置付けたのもそういう意味です。

また、道徳科の目標にある「物事を（広い視野から）多面的・多角的に考える」ことにおいても、「比較」することがポイントだと考える人も少なくないでしょう。

比較は、複数の対象の同じところ①**共通点**を見付けたり、違うところ②**相違点**を明らかにしたりすることが基本です。「どこがどう同じで、何がどのように違うのか、そしてそれはなぜか」です。

比較に必要なのは、「比較する視点」です。子どもに投げかけるときに、同時に視点を示すこともありますし、視点そのものも子どもが見付ける学習もあります。そして、見付けた共通点が道徳的価値の理解につながります。共通点、相違点の視点は、多くの事柄が視点となり得ます。しかし、道徳科の比較の視点にはおよその傾向があります。

一つは、当該授業で扱っている道徳的価値です。「規則を守るということから考えたら、どちら（どれ）にも共通している（違っている）ことは何でしょうか。そしてそれはなぜでしょうか」というようにです。

二つは、教材全体を比較の視点、対象にした問いです。「二つの教材で、共通している（違っている）ことは何でしょうか。そしてそれはどこでしょうか」などです。

三つは、教材中の人物の行為または、心情です。「二つの場面の○○さんがしていること、または、気持ち、心情で、共通している（違っている）のはどんなことでしょうか」です。三つめは人物を内側（心情）から、または、外側（行為）から見て比較しています。
③順序付けは、比較する対象がある程度多い場合に用いられます。設定した視点を踏まえて、比較した結果を順に並べたものです。多くの方が実践したことがあるでしょう。また、子どもは自然に順序を付けることがあります。
また、比較の結果（見付けた共通点、相違点、順序）そのものと同じくらい重要なのが、「理由」「根拠」です。通常、比較の結果を検討するということは、同時に、判断の理由や根拠を検討することでもあります。結果よりも判断の理由のほうを重視することも少なくありません。

なお、これ以降の記述は、そのほとんどが「比較」を意識して述べることになります。

1 比較

①共通点 ②相違点 ③順序付け

単元的な学びをまとめる学習でよく用いられるのは、「共通点」を意識した授業です。また、別々の学期にそれぞれ同じ内容項目の教材が配置されている場合でも、以前に学習した教材や学習を思い出して、比較する（共通点等を使って学びを深める）授業を行うことがあります。点ではなく、少しでも線に近い形で内容項目の学びをつなぐということです。

中学年　A　希望と勇気、努力と強い意志　「野口英世」と「二重とびチャンピオン」

「野口英世」は大やけどを負うという困難を自身が努力を重ねて乗り越え、黄熱病の研究で世界的な医学者となりました。子どもからは少し距離がありますが、歴史上の人物です。

もう一方の二重跳びの教材は、身近な自分たちに当てはまる出来事を描いたものです。途中諦めてしまいそうになりながら、努力を重ねることで、最後には新記録で優勝します。複数の教材があれば、概ねどんな場合でも使える「共通点」を考える学習です。

授業では、まず、現在自分が努力している対象をたくさん想起します。自分と教材及び内容項目を近づけ、内容項目を自分事として捉えることができるようにするためです。「勉強」「運動」「音

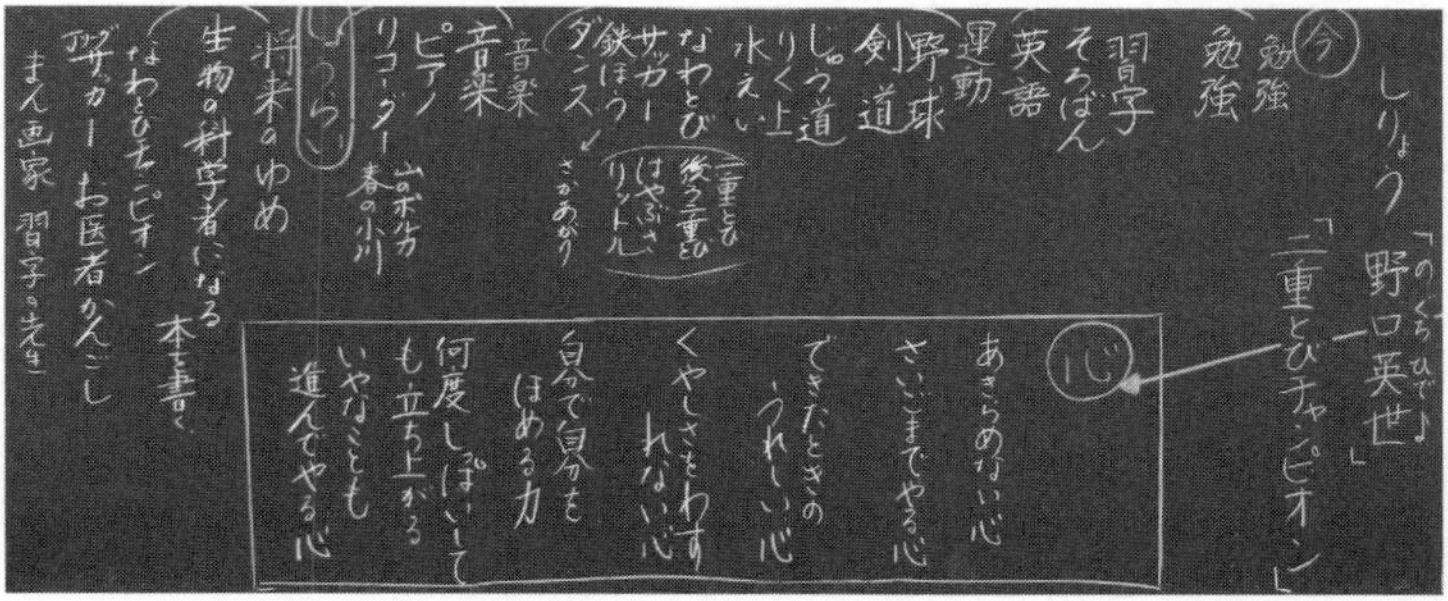

楽」などと「小見出し」を付けながら、想起しやすくします。

その後、教材に戻って問います。

「二つの話にある『頑張る心』で共通しているのは何でしょうか」

これは、「努力し続けるために必要なことはどんなことでしょうか」と尋ねていることとよく似ています。この授業では、写真のとおり「あきらめない心」「最後までやり抜く心」「くやしさを忘れない心」などが出ました。それぞれ表現は異なりますが、「強い意志をもち、粘り強くやり抜く」という内容項目に関する事柄が、言語化されたことになります。

共通点を見いだすことは、抽象化や一般化の過程の一つでもありますが、この授業の場合、二つの教材にある「頑張る心」を別の言葉に言い換える思考に近く、必ずしも抽象化しているとは言えません。

子どもは、出された意見の中から「自分が納得できる心」「向き合い方、態度」を選び、それを、現在努力していることや、今後やってみたいことなどに当てはめ、気持ちを新たにするために活用します。

1 比較

① 共通点　**② 相違点**　③ 順序付け

「相違点」を問う授業をする場合も、明確にした「相違点」の中に、道徳的価値の理解や納得に関わる内容が出ます。相違点を扱う場合は、道徳的価値の「内容の幅や相反」などが幅広くわかる授業にできます。

また、相違点は共通点以上に「基準となる視点の設定、提示」が必要となります。その視点は、当該授業の道徳的価値に関することにするのが一般的ですし、有効です。

高学年　A　善悪の判断、自由と責任　「うばわれた自由」

狩りのきまりを破ったジェラール王子を取り締まろうとした森の番人ガリューは逆に牢屋に入れられます。後日、家来に裏切られ牢屋に入れられた王子は、ガリューに再会し、本当の自由を大切にして生きようと言われます。子ども自身がそう言われたように感じる教材です。

「王子と番人が考える自由はそれぞれどのようなものか。違いを考えよう」

自由という道徳的価値の視点から、王子と番人の考えの相違点を検討する学習です。

ジェラール王子の言う自由は「自分だけに都合のよいようにすること」「したいことをしたいよう

にすること」「自分勝手にすること」です。一方、番人ガリューの自由は、「きまりを守った上ですること」「他の人の迷惑にならないようにすること」「ときには、自分の心を抑えることが必要」などと子どもは考えます。このような二人の自由に対する考えの相違点を明確にしながら、板書上で左右（または上下）対照にわかりやすくまとめます。

これらのことを通して、「自由」という道徳的価値の「子どもなりの再解釈、再定義」ができます。「自分が考える自由とは……」と納得した内容を自分の言葉で道徳ノートなどにまとめることが一般的です。また、短く「一文表現」にすると取り組みやすい子どももいます。

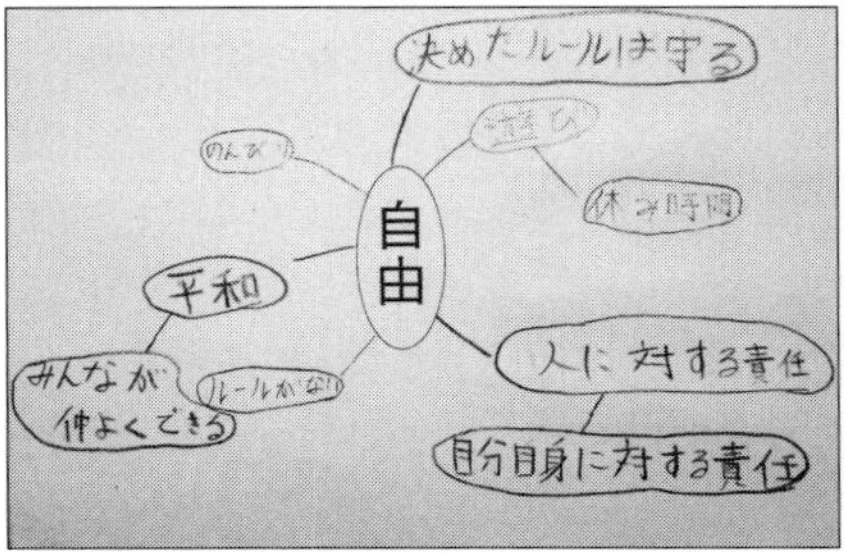

授業の最初と最後で、関連する言葉を「ウェビング・マップ」風にまとめる方法もあります。その場合、授業開始時は鉛筆で書き、授業の終わりに赤鉛筆などで書き込めば、自分なりの自由に対する考えの内容や変化が可視化できます。また、それらを共有してみんなの学びを深めることも可能です。タブレットなどのＩＣＴ機器内のホワイトボードに書く方法もあります。また、共有できるテキストエディタに学級のみんながどんどん単語などを追加して書き、最後にテキストマイニングで特徴や傾向を可視化することもできます。

1　比較

①共通点　②相違点　**③順序付け**

日常生活での比較は「順序付け」や「順位の明確化」を目的にすることが少なくありません。道徳科授業でも、学習活動の一部で、順序付けを行うことがあります。この場合も、判断の基準になる視点が必要です。道徳の場合は、「善悪」「当為」「好悪」「得意」「実現可能性」「納得度」などがあります。

中学年　C　よりよい学校生活、集団生活の充実　「自分の学校のよいところ」

「自分の学校のよいところはどんなところですか」

道徳科の導入での子どもへの投げかけです。読み物教材は使いません。「みんなで協力し合って楽しい学級や学校をつくること」などをねらいに行います。この授業は、総合的な学習の時間で行っている「〇〇小学校の秘密・自慢を調べて紹介しよう！」というウェブページ作成の学習と関連させています。すでに、学校のよさを十分見付けているので、**③順序付け**の思考を用い、よさを協議することでねらいを達成します。

このランキングの「よいところ」は善悪の「善さ」ではなく、自慢できる、好きな「よさ」です。

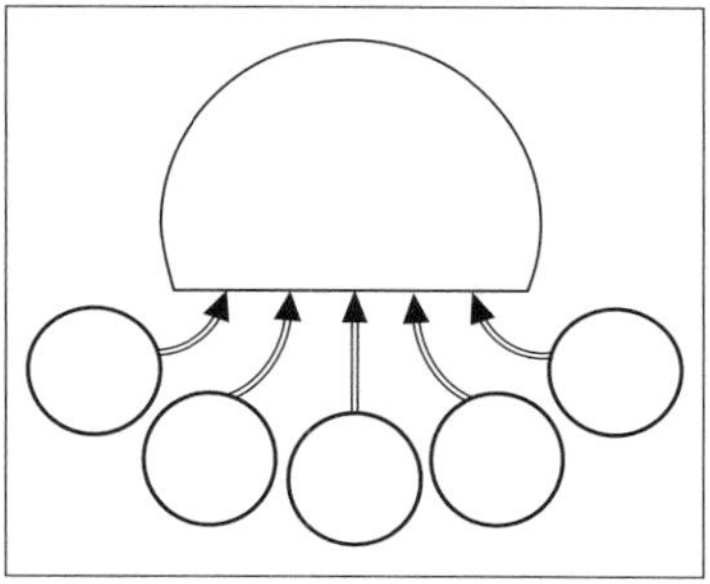

クラゲチャート

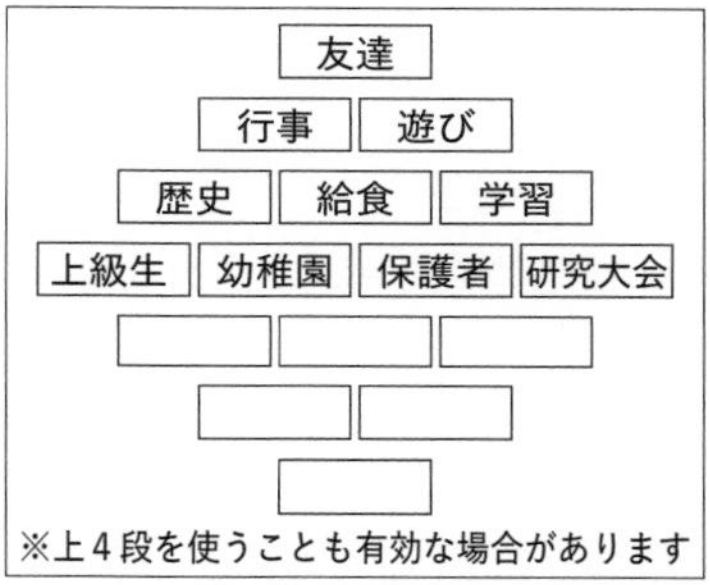
友達
行事
遊び
歴史
給食
学習
上級生
幼稚園
保護者
研究大会
※上４段を使うことも有効な場合があります

ダイヤモンドランキング

ランキングは、ナンバリングすることが一般的ですが、フォーマットに従って「ダイヤモンドランキング」にすることもあります。ダイヤモンドの場合は、最後の一つが強調されてしまうため、ベスト3を決めるなど、「緩やかなランキング」のほうがふさわしい場合も多いでしょう。

大切なのは理由ですが、それは、各人の好みに左右されます。しかし、そのよさが多くの人にとってプラスになっているとか、学校の特徴や伝統などとつながっているなどの場合が、友達の納得を得やすいです。一つ一つの細かい事柄を出すのではなく、「友達」「先生」「行事」「学習」「給食」「遊び」「歴史」など「大くくりの項目」を先に出して、その下に各人の「よさ」「自慢」を付け加える形式にするなら、「クラゲチャート」的なまとめ方もあります。また、総合的な学習の時間の下調べの際には、「○○小学校になくてはならないもの」を出し合っていましたので、それらもランキングに生かされました。最終的に「自分も進んで学校のよさを守り伸ばしたい」という思いを引き出すようにします。

2 選択

④納得　⑤善悪・当為　⑥好悪・得意

思考の技法、二つめは「選択」です。これも、「比較」の仲間です。共通点や相違点を指摘することが中心の「比較」に対し、「選択」は、複数の対象において、「示された観点からよりふさわしいものを判断し選ぶ（どちらが／どれが～か）」という思考です。

④納得の観点は、道徳科における選択の筆頭です。一般に選択は、論理的、合理的な解答（回答）なので、例えば、「最適」「最善」「最良」が求められます。しかし、道徳科の場合、「自分にとってどれが最も腑に落ちるか」「十分わかるか」あるいは、「引き受けられるか」を総じて「納得」とします。自分が選択した考えを「納得解」などとも呼び、「最適解」「最善解」よりも優先されることがあります。もちろん、不合理や悪に納得するのが妥当でないことは当然です。また、「納得」は「今、このとき、この場、この状況、この関係における納得」です。状況が変われば、その選択は変わります。したがって、「暫定的」な選択、得心でもあります。いつも同じ納得にならないからこそ、学びは「進む」ということでもあります。

⑤善悪・当為は、道徳科の選択のオーソドックスな観点です。「どちらが（どれが）最も善い（悪い）か。それはなぜか」「どちらを（どれを）すべきか（妥当か）。その根拠は何か」です。この二つ

は、納得よりも、合理性や妥当性、論理、正義を重視した選択です。善悪と当為は違います。しかし「悪い」なら「どうすべきか」のように連続で扱うことが通例です。

⑥好悪・得意の「好悪」は、個人、私的な感情なので、納得のほうに近いです。道徳科では、事柄の比較や選択のときには、無意識に自分の感情や感覚で決めてしまうことがあります。したがって、「その理由は善いからですか。好きだからですか。それとも得意だからですか」などと子どもの考えを整理させながら、引き出し確認することが必要です。

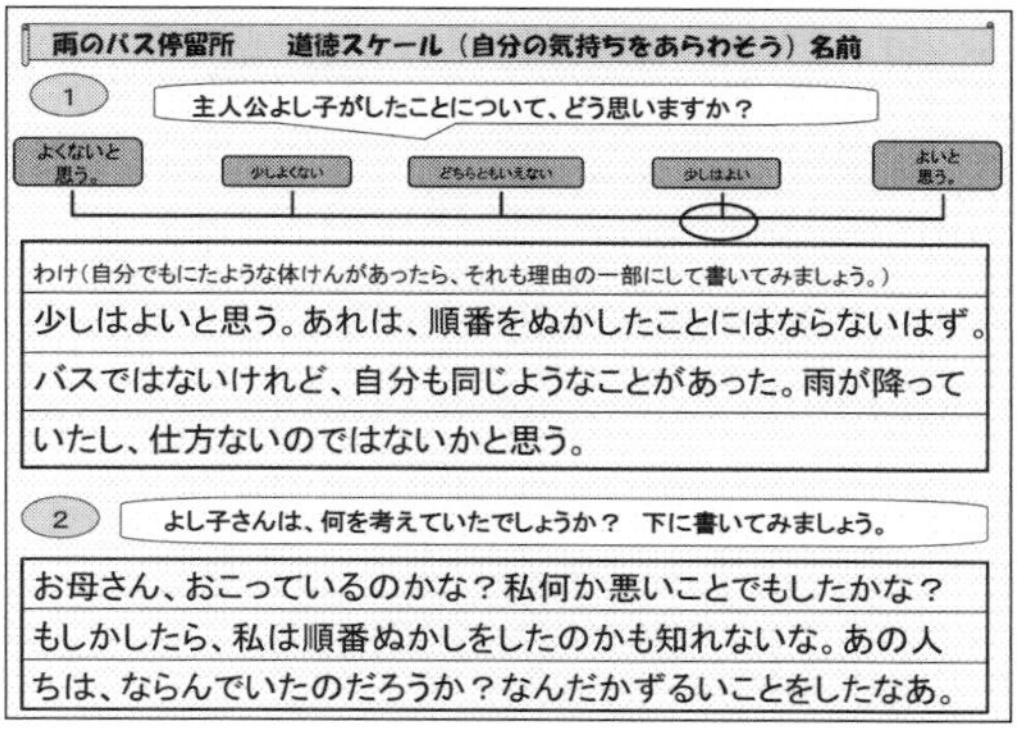
雨のバス停留所　道徳スケール（自分の気持ちをあらわそう）名前

1　主人公よし子がしたことについて、どう思いますか？

よくないと思う。／少しよくない／どちらともいえない／少しはよい／よいと思う。

わけ（自分でもにたような体けんがあったら、それも理由の一部にして書いてみましょう。）

少しはよいと思う。あれは、順番をぬかしたことにはならないはず。バスではないけれど、自分も同じようなことがあった。雨が降っていたし、仕方ないのではないかと思う。

2　よし子さんは、何を考えていたでしょうか？　下に書いてみましょう。

お母さん、おこっているのかな？私何か悪いことでもしたかな？もしかしたら、私は順番ぬかしをしたのかも知れないな。あの人ちは、ならんでいたのだろうか？なんだかずるいことをしたなあ。

選択は、候補から、どちらか、どれかを選ぶのですから、多くの子どもが参加できる思考の技法です。選択を促すために、「選択した対象に◯」を付けたり、黒板のそれに「ネームカード」を貼って選択を共有したりすることもあります。「道徳スケール」のどちらにどの程度近いか、ゼロか百かではなく間を取る、「折り合う選択」もあります。子どもによっては「こっちのほうが善いけど、好きなのはこっち、日頃得意としているのはこっちだな」のように、多様な組み合わせがあります。また選択された対象や考えは、概ね共感できるものです。

2 選択 ④納得 ⑤善悪・当為 ⑥好悪・得意

中心人物の心情が変化したどの理由に納得できるかを考える授業です。

低学年 A 正直、誠実 「お月様とコロ」

コオロギのコロはすぐ怒るので、友達はギロ一人です。ギロは誘いをすべて断られ怒ります。コロは謝らなければと思いますが、なかなか謝れません。そんなときにお月様にいくつか助言をもらい、その最後に元気を出して歌うように投げかけられます。明るい声で歌ううちに、心が晴れ晴れとしてきて、「明日ギロ君に謝って友達と元気に遊ぼう」と心に決めたという教材です。

展開前半で、コロが謝ろうかやめようか迷っている気持ちに共感させた後、中心発問です。

「**コロの心が晴れ晴れとして、謝ろうと思えたのは、なぜだと思いますか**」

表現をしっかり読んでも、理由が一つには絞れない教材内容です。

話合いの中で、子どもは、A「(自然と)謝ればいいと思えた」「謝ったらすっきりする」などの意見、B「(明るい声が出たし、歌に誘われたので)歌を歌ってあげたい」「三回も誘ってくれた」、そしてC「友達になりたい(戻りたい)」という意見が出ました。

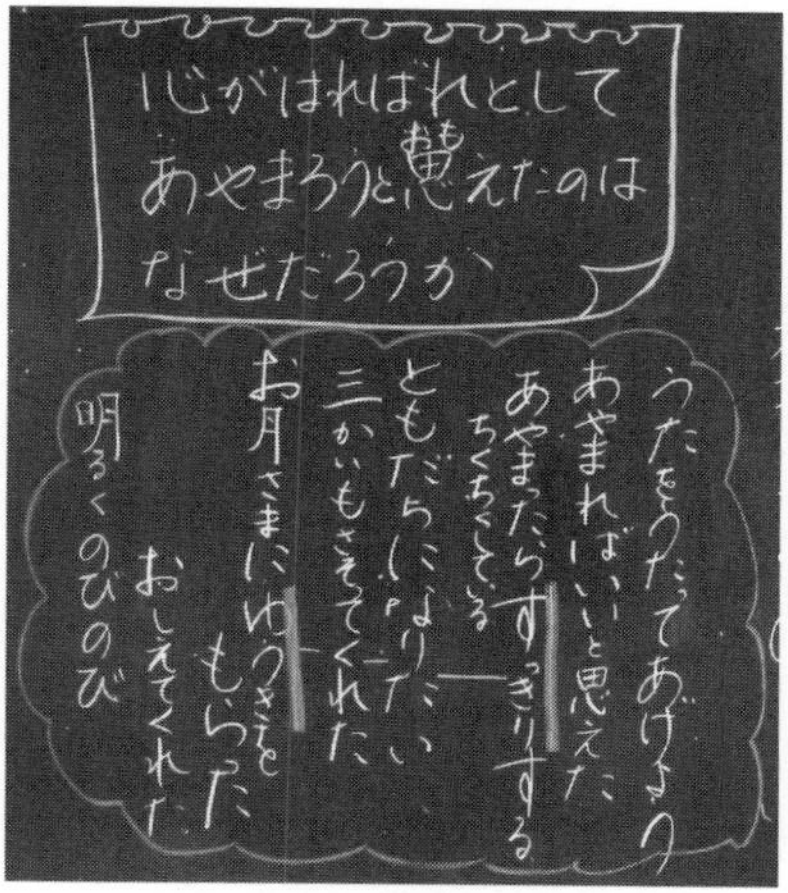

そして、Ｄ「お月様に（謝る）勇気をもらった」「教えてもらった」など助言者のお陰という意見が続きます。繰り返し出た「すっきり」「ゆうき」には、傍線を引いています。

そこで、教師は、子どもの発言に合わせて、それぞれ、「どうしてそう思いましたか」「あなたも同じような気持ちになりますか」などと問い返しながら、理由や共感を広げます。

素直に非を認め謝ることは大切ですから、Ａの意見は重要です。しかし、同時に、元気よく一緒に遊びたい気持ちやお月様の助言があったことも理由に違いないでしょう。そこで、問います。

「あなたは、どの（どれとどれの）意見（理由）に納得しますか」

一つでも複数でもかまいません。子ども自身が「自分ならこの考えに納得する」「友達のこの意見はとってもよくわかる」という考えをノートに書き、ペアで紹介し合います。

隣の学級の授業では、「心が落ち着いたから」「自分で悪いと思えた」「心を変えた」などの考えも出てきました。選択の観点の**⑤善悪・当為**も、**⑥好悪・得意**も、そのほとんどの考えは**④納得**を介すことになります。

2 選択

④納得 **⑤善悪・当為** ⑥好悪・得意

教材の人物の行為が「善いか悪いか」がよくわからない教材もありますし、顕わに「悪い」とわかる描き方をしている教材もあります。ここでは、「善悪」の確認から「当為」の検討へと学びを運ぶ実践を取り上げます。

「悪いことだとわかっているのなら、どうすべきなのか」を検討、選択する授業です。

中学年　C　家族愛、家庭生活の充実　「ブラッドレーの請求書」

ブラッドレーは、「お遣い賃1ドル、お掃除した代2ドルなど計4ドル」の請求書を母に渡します。母は、それに対して4ドルのお金を渡すと同時に、母からの請求書として、「病気をしたときの看病代0ドル、食事代と部屋代0ドルなど計0ドル」の請求書も併せて渡します。それを読んだブラッドレーは、母のところに行き、お金を返し、母のために何かさせてほしいと涙を浮かべるという教材です。どちらの請求書にも考えさせられる内容が含まれています。

はじめに、4ドルの請求書を渡したねらいやお金を得たときの男の子の心情などを考えます。「悪い思い、行い」であることを共通理解します。併せて母からの0ドルの請求書の意味を話し合いま

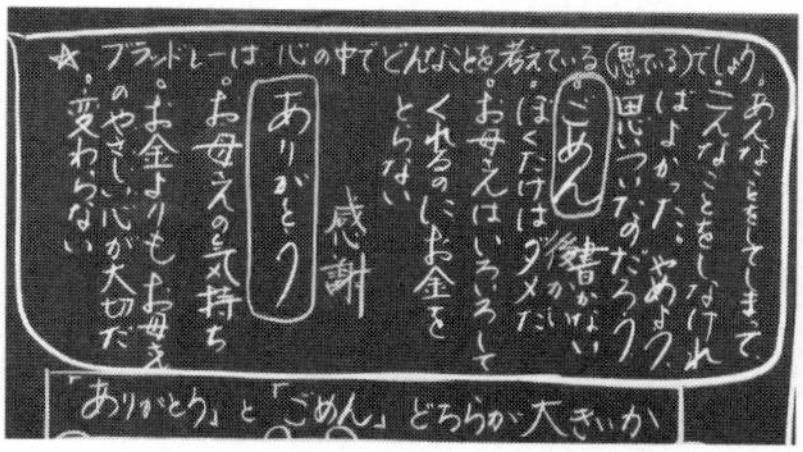

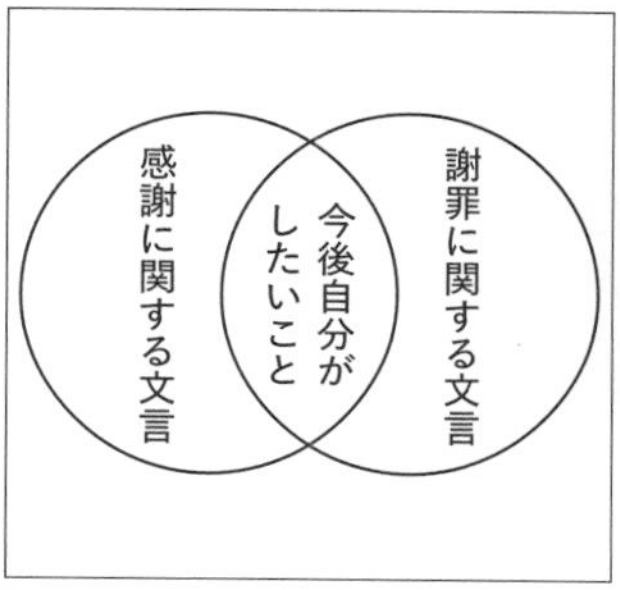

ベン図

す。そしてはじめの発問です。

「母のところへかけていき、何を考え、伝えると思いますか」

自分の行為の「謝罪」と母への「感謝」の二つの気持ちが出ます。謝罪することも、感謝の気持ちを伝えることも「善」ですから、二つの善さを確認します。その際「謝罪の気持ち」と「感謝の気持ち」の大きさを比べさせて、自分事に近づけます。それをしたら、次に、「すべきこと（当為）」を話し合います。

「ブラッドレーは、この後、どうしたらいいでしょうか」

「自分にできること、自分が家族のためにすること」、例えば、家の仕事を積極的にすると伝えることが大切です。「謝罪」「感謝」の気持ちを思考ツールの「ベン図」に書き分けておき、「できること」をその交わった部分に書き加えるというのも一つの方法です。

このように、「善悪」の判断を踏まえて、引き続き「当為」の検討をすることで、道徳的価値の理解や「自分を見つめる」効果を高めることができます。

2 選択

④納得 ⑤善悪・当為 **⑥好悪・得意**

「好きか嫌いか」「得意か得意でないか」を選択することが道徳的価値の理解や自己の生き方を考えることに資する場合があります。小学校の下学年では、善悪や当為を選択することが自身の好悪や得意不得意に左右されることもあります。次は、好悪を取り上げた実践です。

高学年　A　正直、誠実「なしの実」

アンリ・ファーブルが少年の頃の実話とされる話です。アンリは、弟の要求に負けて、隣の家のなしの実を取って食べてしまいます。そのことを父に気付かれ、正直に言うように諭されます。迷いながらも、最後には父の胸に飛び込み、過ちを告白するいう教材です。

「アンリは自分がやったことを父に伝えたとき、心の中で何を考えていたでしょうか」

「人物の心情に託して子ども自身の考えを出させる」発問の典型です。迷っている場面、または最後の場面、どちらでも可能ですが、今回は最後の場面を取り上げて心の中を考えさせます。写真のとおり、主として、(ア)正直に言えてよかった、(イ)二人で謝りに行く、(ウ)弟を止められなかった自分が悪い、弟にだめだと言えばよかった、(エ)自分は全然悪くない、の四つの意見が出ました。(エ)は論外としても、(ア)(イ)(ウ)はどれも好ましく、善なる感情です。そのため、三つの善悪を判断することはできません。そこで、

「あなたは、どの考えが好きですか」

のように自分なりの「好ましさ」を基準に選択を求めます。「自分ならこのように感じるかな」「感じられる自分でありたいな」と感じる考えです。その選択がその子なりの誠実な生き方の具体となるからです。その後、自分を振り返る「鏡」にし、自分を見つめる学習にできます。

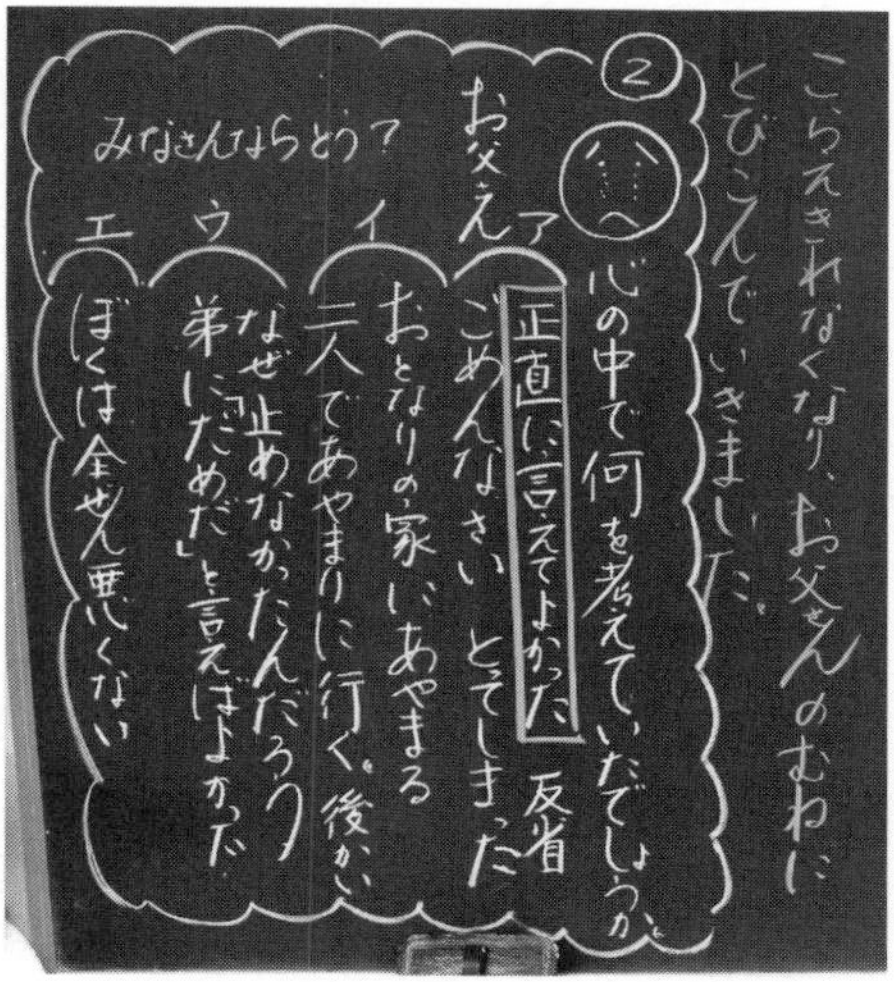

「誰に対して正直であるべきでしょうか」

　誰に対して悪いかを明らかにすることや、相手に正直に謝る、などは「正直」に関する大切な学びではあります。しかし、「正直、誠実」はAの視点ですから、本来は、「自分に正直」というのが最も重要な理解、解釈です。そのため、終末で「人は誰に正直であるべきか」と問い、父か弟か自分自身かを比較し「自分への正直」を引き出すなら、更に授業は充実します。

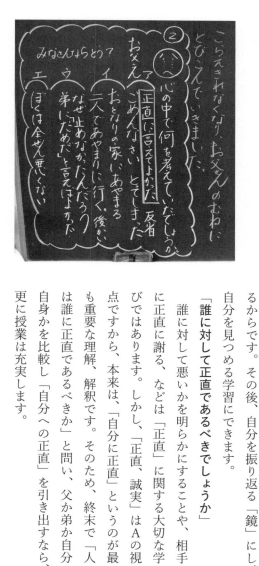

3　抽象化

⑦一般化　⑧簡潔化　⑨仮定

思考の技法、三つめは「抽象化」です。一般化、簡潔化、仮定の三観点を設定しました。比較の技法の「共通点」の把握とよく似ていますが、ここでは、それを踏まえながら、もう少し端的で多くの人が理解できる考えの把握や適用をねらっています。

⑦一般化は、抽象化の過程や一部とも言えます。一般化は「個別的な違いを捨て共通のものを残すことによって広く通じる概念・法則を作ること」(広辞苑　第七版)と言われています。比較的難度の高い思考の技法なので、論理的、合理的に考える資質を養うことにつながります。

そもそも子どもも教師も、道徳的価値を抽象化、一般化して理解しています。

⑧簡潔化は、一般化した内容を表現する思考の技法です。「思考」の技法なのに「表現」する技法を入れているのは、簡潔にまとめる活動が「思考の一般化、抽象化を促進する」と考えるからです。考えてわかったこと、伝えたいことを「一～三文表現」するなどです。長く書いたり話したりすることが抽象化にふさわしい場合もありますが、短くまとめることも抽象化、一般化の認識を明確にできる場合が多いと考えます。

更に、簡潔化には、新聞の「小見出し」のように、対象とする内容を単語や短い言葉で端的に表現する「見出し化」も含めます。「表題」「タイトル」「ラベリング」と言うこともあります。見出しは、「一〜三文表現」よりももっと短いため、抽象化を更に促進する働きがあります。

⑨仮定は、思考の対象がもつ文脈、関係、経緯の一部を意図的に変更、置き換えて思考を試みることです。「一部の条件変更」とも言えます。意図的にある部分を変更し、変更後でも変更前と同じ（あるいはよく似た）文脈や関係が成立するのか、あるいは崩れるのか、または、変更前以上に望ましい結果になるのか、などを検討することで、思考の対象が当てはまる範囲や状況をより明確にできます。いくつかの仮定を検討してそれが当てはまるのであれば、抽象化することに資すると考えます。授業では、「もしも〜なら」と子どもが任意に条件を変更して発言したり、教師が意図的に「もしも発問」をしたりする場面が考えられます。授業UDでは、「教材へのしかけ」として、あえて内容変更を行って、教材への関心や内容理解を確かにする支援があります。

また、仮定した内容をいろいろ検討して、その文脈や関係に当てはまると判断できるようなら、実際に教材や自分の考え（仮説）に変更を加えることもあるでしょう。仮定を確定するというイメージです。

○強調
○分割
○抽出
○隠す
○置換
○仮定
・場面変更
・条件変更
○図解
○実物

教材へのしかけ（参考）

3 抽象化 ⑦一般化 ⑧簡潔化 ⑨仮定

高学年 B 親切、思いやり 「金子みすゞさんの三つの童謡」

授業で提示した童謡は、金子みすゞさんの「積もった雪」「土と草」「大漁」の三編です。

「積もった雪」は、雪全体を三層に分けて捉えます。「上の雪」の寒さ、「下の雪」の重さ、そして、「中の雪」のさみしさに心を寄せます。三つに分けて捉えることそのものにもハッとさせられますが、それぞれの痛み、つらさを思いやっていること、そして「中の雪」を最後にしている点も、みすゞさんの童謡に見られる温かさの特徴が出ています。

「土と草」では、「土」が、何千万の草の子を一人で育てている強さ、たくましさを語ります。後半では、その草が青々と茂ったら、土（自分）は隠れてしまうはかなさを指摘します。

「大漁」では、大羽いわしが大漁の浜の賑わいを「祭りのよう」と例えています。そして、一転、視点転換し、「海のなか」では、「何万のいわしのとむらい」をするだろうと言います。

授業では、まずは、「わからないことはないですか」そして、「好きな童謡はどれですか。どんな理由からですか」として、教材理解や教材への関心を深めます。その後、中心発問です。

「三つの詩の共通点は、何だと考えますか。そして、それらから何がわかりますか」

共通点を感じさせる部分に、線を引いたり、その理由を行間やノートに書かせたりします。「どれも、今まで気付かなかったことを表現している」「三つとも、悲しさに目を向けている」、逆に、「みすゞさんの温かい気持ちが伝わってくる」「弱いもの、はかないものに対する優しい気持ち、思いやりの大切さを教えてもらった」等の意見を重ねながら、より重要な内容に絞っていきます。

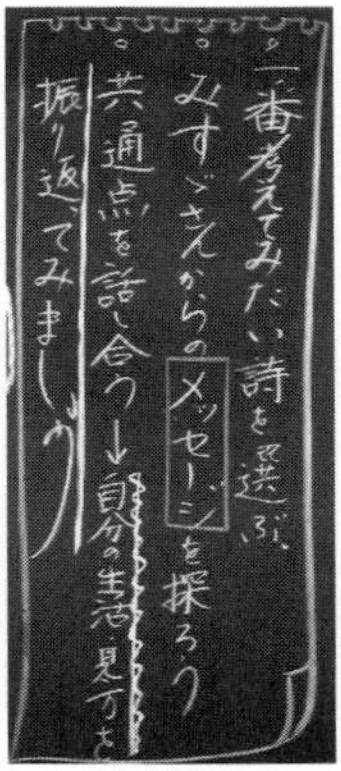

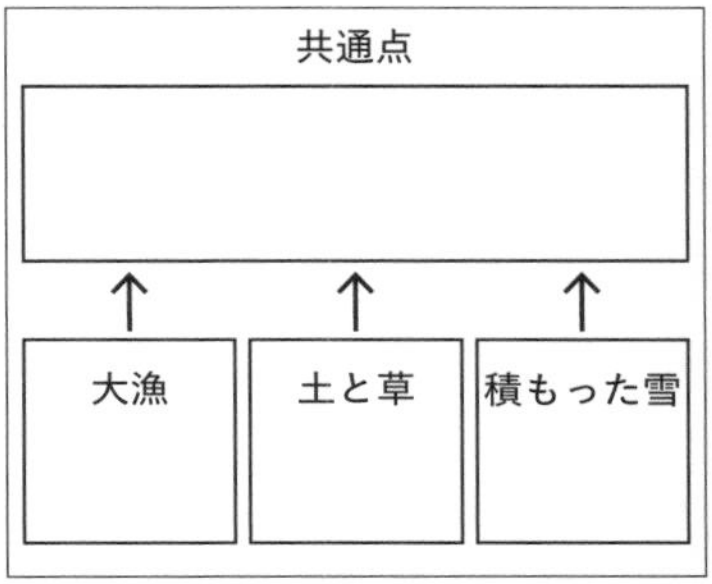

※Wチャートでも活用可能

教師は、理由を板書し、各意見を全体に広げます。その中で、三編の童謡には書かれていないみすゞさんが大切にしている心、例えば、「柔らかく温かいまなざし」「すべてのものへの思いやり」などの考えを引き出します。わずか三編の共通点だけから、みすゞさんの思いを一般化しようとすることは、本来の一般化、抽象化とは言えません。しかし、他教科の学びや自分の読書の内容も踏まえて可能な範囲での一般化の思考と考えます。なお、この三つの教材の場合、主たる内容項目を「生命の尊さ」や「生きる喜び」に設定して授業化することも可能です。

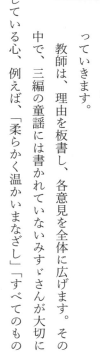

3 抽象化　⑦一般化　**⑧簡潔化**　⑨仮定

内容項目の観点から教材を検討し、了解、納得できることを簡潔にまとめることが「抽象化」につながり、道徳的価値の理解を促すという考えで実践したものです。

中学年　D　感動、畏敬の念　「花さき山」

一〇歳のあやという女の子が祭りのごちそうに使う山菜を採りに山に入ります。出会った山姥が、山一面の花は、麓の村人が優しいことを一つすると一つ咲くと言います。あやが昨日妹のために自分の着物を我慢したときにも咲きました。山から帰った後、あやは時々「今自分の花が咲いている」と思うことがあるという教材です。

「あやが赤い花を咲かせた理由は何でしょうか」

七つの意見が出ました。概ね叙述に即して読み取ったことを述べています。このようなときに「自分事として捉えさせる」ことをねらって「一番の優しさは何番だと思いますか」と問います。決まった答えはありません。自分なりの一番を考えようとすることで、各意見がより自分に引き付けられ、自分事化します。その後、それぞれの優しさの意味やよさを互いに話し合います。

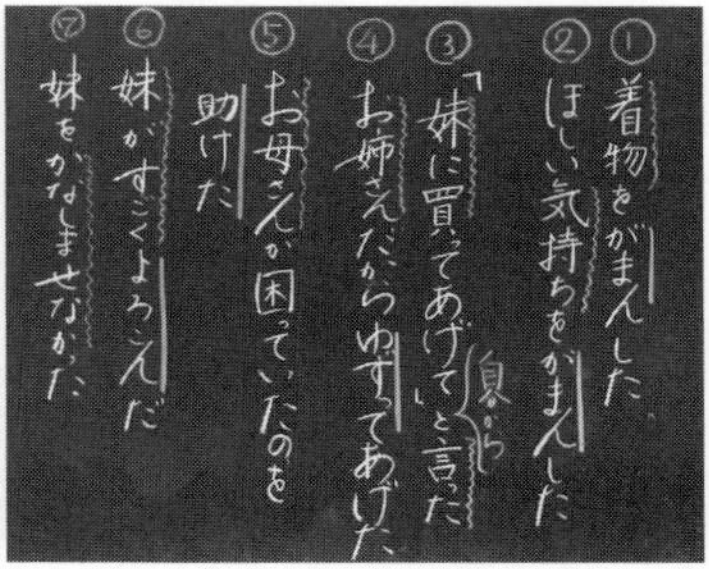

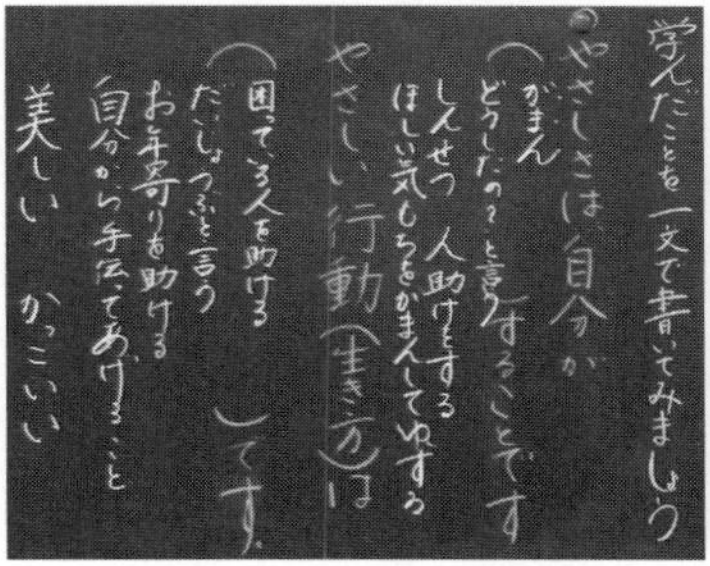

着物を我慢したことそのものよりも、妹に買ってあげてと「自分から言ったこと」が優しさだという子どもが多くいました。これらのことから内容項目の「感動、畏敬の念」の内容である「美しいものや気高いもの」を感じ取ることができたと考えることができます。

そして簡潔化を促す発問です。

「学んだことを二文で書いてみましょう」

優しさとは何かを文章で長くしっかり書くことも抽象的な捉え方の一つですが、ここでは、括弧で空白を入れた二つの文章を示して、ふさわしいと思う言葉を入れる形で表現できるようにしました。「やさしさは自分が（　）することです。やさしい行動（生き方）は、（　）です」のようにです。

最終的に、優しさを発揮する姿は「美しい」姿であり、「よりよい生き方」なのだと端的にまとめます。

なお、どのような道徳的価値の実現も、人の生き方として「美しい」と捉えることが可能です。したがって、折に触れて価値実現の「美しい姿」について話題にすることは望ましいことです。

3 抽象化　⑦一般化　⑧簡潔化　**⑨仮定**

「仮定」の事例です。仮定は、「結果の予測」の「見通し」とよく似ています。教材に描かれている事柄のその後を予測、検討することを「見通し」とします。

それに対して教材に描かれている事柄を、子どもや教師が、描かれていない別の事柄や条件、場面などに「仮に変更して思考すること」を、ここでは「仮定」とします。

中学年　B　礼儀　「フィンガーボール」

ある国の女王が、外国から来たお客様をもてなすためにパーティーを開きました。お客様が指を洗うためにあるフィンガーボールの水をうっかり飲んだのを見て、女王も知らん顔をしてフィンガーボールの水を飲みました。作法どおりに女王がフィンガーボールで指を洗ったなら、その客はどんな思いをしたでしょうか、と問う教材です。

「女王も同じように、知らん顔をして指を洗ったことはよかったでしょうか」

おそらく多くの授業で、女王の行為の「善悪（あるいは好悪）」を検討することでしょう。「○△×」の三段階くらいに分けて、それぞれ理由を明確にしながら話し合います。「ネームカード」を黒板に添付して話し合うと視覚化と共有化が同時に叶います。

必ずしも女王の取った行動が正しいとは言い切れないのが、この教材のよさです。女王の行動の善し悪しを検討する中で、「礼儀」の内容項目である「誰に対しても真心をもって接すること」についての認識が深められます。そして、話合いの中で必ず出てくるのが、「その他の具体的な方法」です。例えば、「もしも他の誰かが教えてあげていれば……」のような「仮定する発言」が出たら教師から投げかけます。

「○○さんが言ったように、その他によい方法はなかったでしょうか」

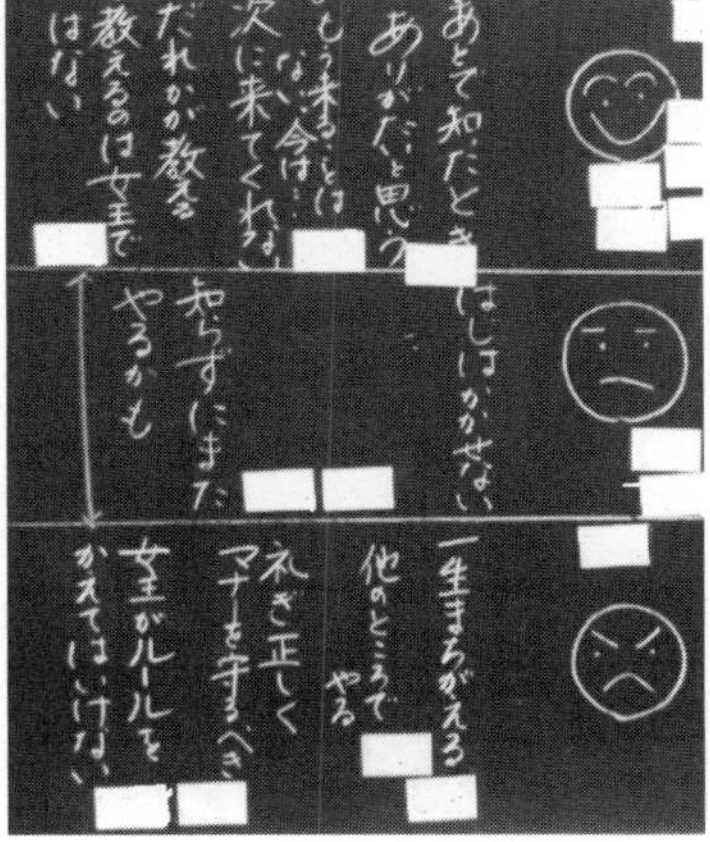

Aパーティーの前にフィンガーボールの使い方を予め教えておく、Bフィンガーボールの水を飲もうとするとき（飲む前）に、止めて使い方を優しく伝える、Cお客さんが飲んだ後でもいいのでフィンガーボールの使い方を丁寧に伝える、D女王も飲んだ後、お客さんに教えるなど、いくつかの仮定の行動案が出されます。どれが「真心をもった接し方」なのか話し合うことで、仮定の行動案が道徳的価値理解（真心をもって接すること）を深めます。

4 具体化

⑩例示　⑪分割　⑫関係

思考の技法、四つめは「具体化」です。「抽象化」の反対ですから、対象を理解、解釈する上では、子どもにとっても教師にとっても比較的行いやすい技法です。ここでは、対象を別の何かで「例示」したり、対象をいくつかに「分割」したり、分割したそれぞれの「関係」を把握したりする三つの観点を設定しています。

なお、「例示」は思考の対象の具体を主として「対象の外側」に求めて理解を図ろうとするもので、「分割」は「対象の内側」にその具体を求めようとする思考の観点と言えます。

⑩例示は、対象を具体化する上で一般的な方法です。「例えば……」と考えることは、日常生活でもよく行われています。ある対象をよく似ているがそれとは違う事柄に「見なす」「見立てる」ことによってわかりやすく、また、端的に理解、表現します。「比喩」的に示すことも少なくありません。また、「別の場面や文脈」に埋め込み、思考（または、試考）する場合にも使われます。更に、教材に出てくる対象を「自分の場合は……」として「自分の経験、体験」に当てはめて「変換」「展開」させることも例示による具体化と言えます。

⑪分割は、対象をある観点、属性、性質等からいくつかの部分に分ける技法の観点です。先にい

くつの部分に分けるのか「数」を明示すれば、対象の具体的な把握が進みやすくなります。思考ツールとして用いられる「Yチャート」「Xチャート」「Wチャート」などは三～五に分割して把握するためにも活用できます。チャートの形状にこだわらず、考えをいくつかに分割して板書に整理する教師は多いでしょう。話合いの過程で、分割する数が増えたり減ったりする場合は、思考が一層柔軟になるよさがあります。分割は、対象を相違点で比較することや多面的に見ることにもつながっています。また、分割することで対象を部分と部分の集合体（合わせて全体）として具体的に理解することができるようになります。

⑫**関係**は、⑩の例示や⑪の分割で示された事柄同士の「つながり」や「関わり」を検討し、把握することです。共通点や相違点で捉える場合もありますし、原因と結果、中心と周辺、また、対象が実現可能かどうか、自分が経験したことがあるか、好ましいか否かなどで捉えるなど様々です。そのため、分割された対象に「小見出し」を付けることが効果的です。

何かが「具体的にわかる」ということは、中味同士の「つながり」や「関わり」がわかることでもあります。また、道徳科の場合、思考の対象が、人の心情など捉えづらいものが多いため、「自分との関わり」で関係を捉えることが有効な場合が多いと言えます。

なお、今回の提案では、技法や観点に入れませんでしたが、関係の把握を更に網的、層的にするなら、「構造化」に発展させることも可能です。

4 具体化

⑩ 例示　⑪ 分割　⑫ 関係

対象を自分の経験や体験などに置き換え、例示することで、対象の行動や心情などを自分事として、また、身近な事柄として具体的に理解します。この項そのものも「例示」です。

低学年　D　生命の尊さ　「ハムスターの赤ちゃん」

ハムスターの赤ちゃんが生まれました。お母さんのおっぱいを一生懸命吸っています。お母さんが赤ちゃんを口にくわえて、巣に運んでいます。大事な宝物を守っているようです。生まれてから一〇日経ち、体が大きくなり、お母さんのおなかにみんなくるまっています。小さい体にどんな力が詰まっているのか、元気に歩き回るのももうすぐだと期待する教材です。

「ハムスターの赤ちゃんのしていることは、自分ならどんなことですか」

自分に置き換えて、具体的に例示するように促します。理解のためでもありますし、内容項目から見るなら、「生きていることのすばらしさを実感」することにも該当します。「生まれてすぐの場面」「巣に運ばれる場面」などに合わせて、例示する機会をもちます。

低学年なら進んで自分の経験を例示するでしょう。子どもによって例示内容が異なっていてもかまいません。それらが重なることによって具体的で全体的な理解が進みます。「自分もミルクを飲ませてもらった」「病気になったときには、薬を飲ませてもらい、おかゆを食べさせてもらった」など様々に例示されます。

「ハムスターの赤ちゃんのように、自分も生きていると感じていることは何ですか」

日々の生活、経験の中で、見過ごされがちな当たり前の事柄、「生きている証」を例示し合うことで、先ほどの「生きていることのすばらしさ」を更に感じ取る活動です。一般的に見られる発問ですが、例示が、内容項目の理解に直結します。

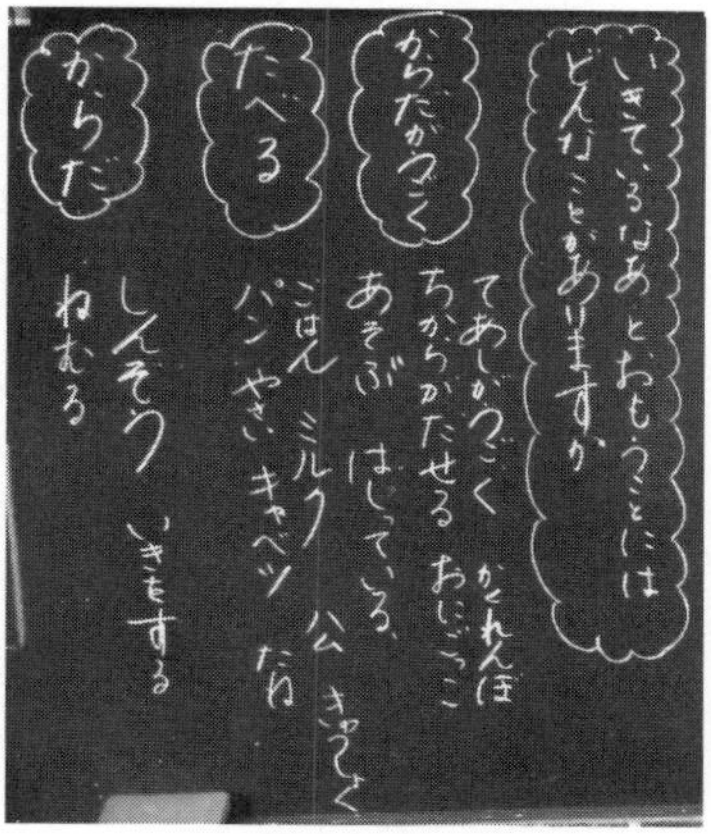

板書のとおり、文言に配慮していくつかの「小見出し」を設定し、その下に具体的な例を示します。「食べること」「動くこと」「勉強すること」「眠ること」「話をすること」など思い付くところを列挙していきます。これらの例示が、低学年相当の「生きている証」の実感です。

授業の終わりには、「このようにいろいろ考えて例を書くとよくわかるね」と例示のよさを確認する「学び方の振り返り」をすることが、思考の技法の定着に資すると考えます。

4 具体化

⑩例示　**⑪分割**　⑫関係

思考の対象が人物の場合、その人物の内側に入り、その人になったつもりで心情を想像することは一般的な活動です。今回は、想像した心情をひとまとまりで捉えるのではなく、いくつかの部分、側面に「分割」して解釈する事例です。「相違点」で比較しながら、「分割」して把握します。

中学年　A　善悪の判断、自律、自由と責任　「よわむし太郎」

子どもたちに馬鹿にされても笑っている「よわむし太郎」は、白い大きな鳥を狩りで仕留めようとする殿様の前で大きな手を広げ、やめるよう立ちはだかります。怒った殿様は鳥と一緒に太郎も矢で射ると脅します。それでも太郎は「子どもが大切にしている鳥なので助けてやってほしい」と涙を流して頼みます。その気持ちに免じて殿様は帰って行くという教材です。

教材を一読後、子どもは「そんな無謀なことをするなんて」と思います。そこで、問います。

「殿様の前に立ちはだかる太郎はどんなことを考えていたと思いますか」

教師は、予め四つに分割して具体化する指導計画を立てていますが、先に「Xチャート」などを子どもに示していません。したがって、子どもは分割する数を意識することなく、自由に発言します。各まとまりに属する発言が複数出たところで、それぞれに子どもと一緒に「小見出し」を付け、今度は、この「小見出し」も考えに入れて、更に続けて考えるように促します。

　まずは、A自然愛護に関わる発言として「鳥を打ったら死ぬ。大きな鳥を守る」などの考えが出ました。次に、B思いやりに関わる発言として「子どもが悲しむ」「子どもの大事なものを守る」などの意見です。三つめにC善悪の判断に関わる発言です。「自信をもって、殿様でも止めよう」などです。そして最後は、どの子どももはらはらしたD生命の尊さに関わる発言として「打たれるかもしれない」「命がなくなるかもしれない」です。この四つは、それぞれ別々の内容項目に対応しており、人物の行動を支え促しているものです。

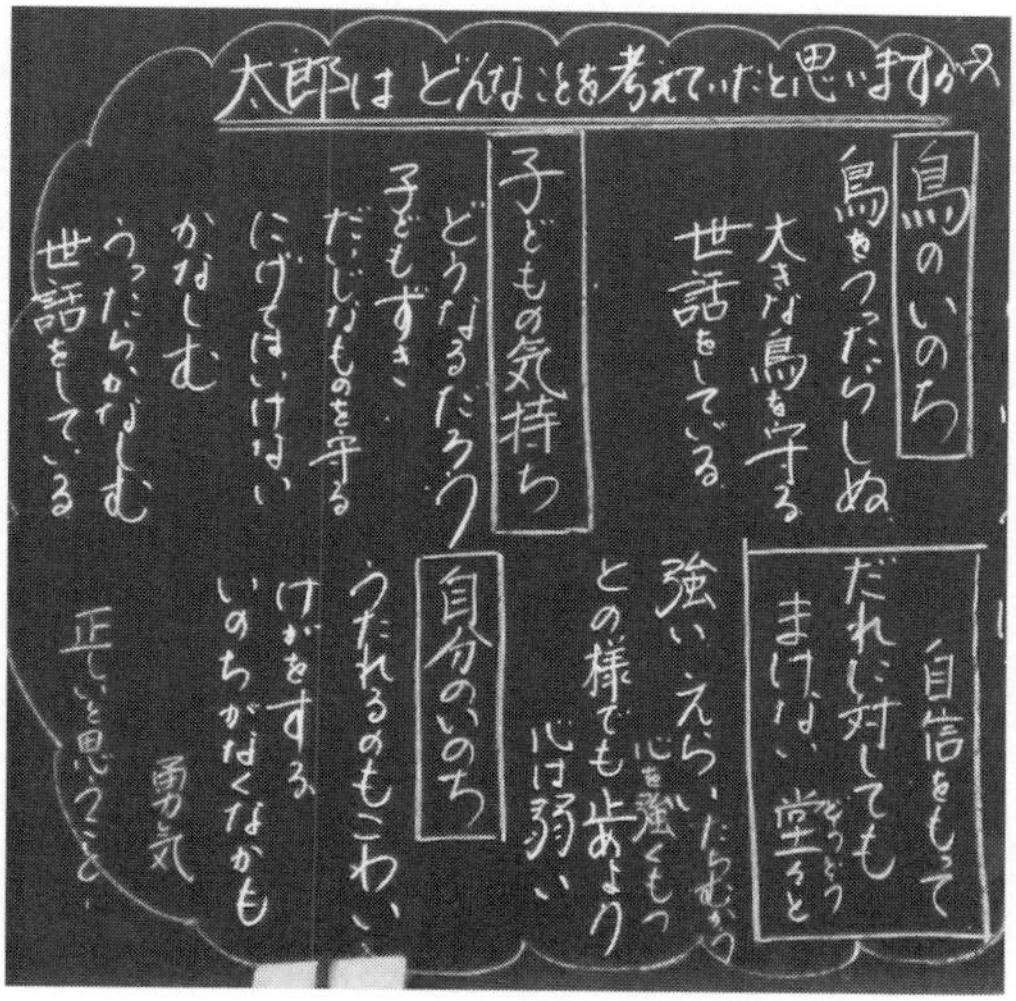

　このように、考えていること、話し合った内容をそれぞれ内容項目に対応して分割し、具体化、可視化することで、人の考えや行動は、いくつかの「人としてのよさ（道徳的価値）」に分けられることが理解できました。

4 具体化

⑩例示　⑪分割　**⑫関係**

「分割」した内容同士がどのような「関係」にあるのかを把握し、具体化を図る観点です。それぞれの「つながり」や「関わり」を思考します。そのため、「関係」は、「分割」の過程の後に、または、同時に行われる思考です。

高学年　B　相互理解、寛容「ブランコ乗りとピエロ」

大王を招いてのサーカスが始まりました。半年前に団員になったブランコ乗りのサムは、「スターが目立って何が悪い」という気持ちをもっており、自分の割り当ての時間を延ばして終わったため、団のリーダーのピエロは大王が帰った後、演技することになりました。公演が終わった後、サムと話し合うピエロは、サムを責めるのではなく「サムを手本に努力していく」、だが「お互いに自分だけがスターだという気持ちを捨てよう」と述べるという教材です。

「**ピエロのいいところはどんなことだろうか**」

人物を外側から見つめ、そのよさに目をつけて、思考、判断する「評価発問」の典型です。この発問は、予め「よい点」という視点を示して、考えるように促しています。

まずは、対象のよいと感じるところを「分割」することから始まります。写真の右上「友情、やさしさ」に関する部分、右下「感謝」に関する部分、左上「人のよさを学ぼうとする態度」に関する部分、左下「リーダー」に関する部分、中央下「思いやり」に関する部分、そして、最後、中央上が、この授業の内容項目に関する「広い心（寛容）」に関する部分です。

そして、「最もよい点」を話し合うと、それぞれによいのだけれど、「意外である」「人として難しい」「自分もそうなりたい」という理由から、中央上の「広い心」「人を許す心」になりました。

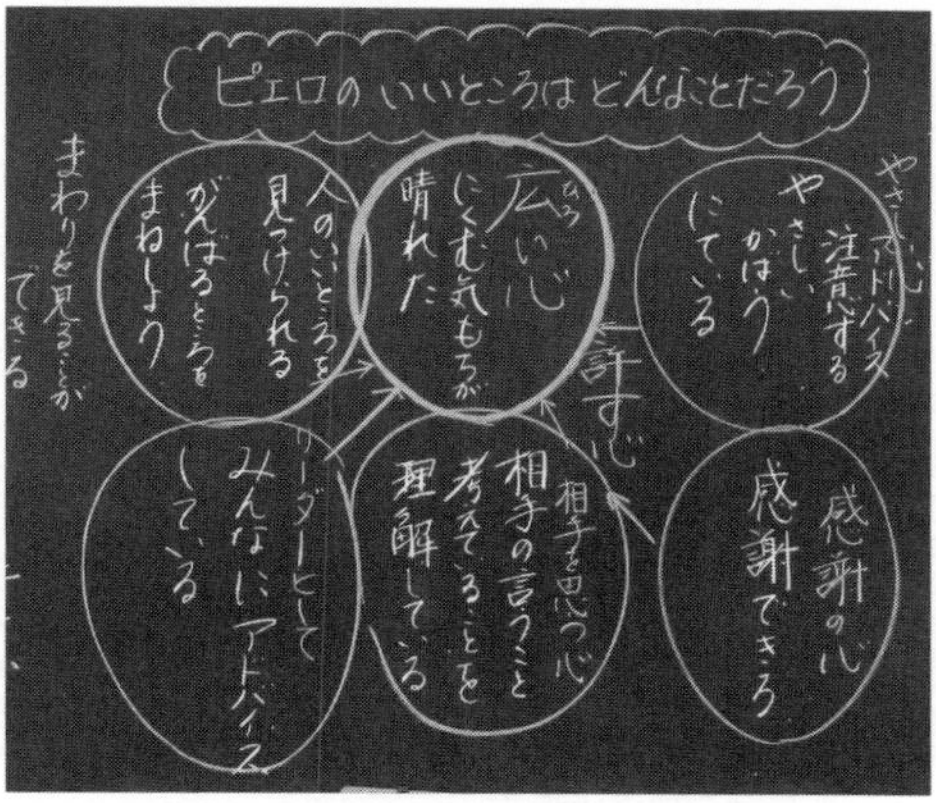

そして、「なぜそのような広い心、許す心をもつことができたのか」を話し合います。ピエロの人柄、この教材の中心的な理解に関する話合いです。いくつかの意見が出る中で、最終的に、「他の五つの心があるからこそだ」という理由が挙げられました。六つの部分の中の一つが特に重要な事柄として理解され、その他の五つがそれを支えるという内容項目、道徳的価値の「つながり」「関係」を子どもたちが見付け出した授業です。今回のつながりや関係は、板書上の位置や矢印などで示されています。

5 結果検討

⑬見通し　⑭原因　⑮損得

思考の技法、五つめは「結果検討」です。思考の「対象」である「結果」を入れた表現にしています。「過程検討」は思考の技法に入っていないのに、「結果検討」を入れているのは、道徳科に限らず、多くの事象において、結果を検討することのほうがより現実的で、結果から経緯や原因を検討することが有効だからです。ここでは、対象の今後を「見通し」て結果を予想したり、結果から遡って「原因」、「因果」を明確にしたり、「損得」を観点にして結果を検討したりする三つの観点を設定しました。

⑬**見通し**という観点は、教材などで示されている一つ（または複数）の「今後の経過」を踏まえて、それ（それぞれ）の結果を予想することです。「どちら（どれ）がどうなのか、それはなぜか」「ならば、今後どうすればよいか」と思考します。教材にある状況を子どもが任意に、自由に変更する「抽象化」の「仮定」と似ていますが、「見通し」は、教材などにすでに示されている複数（または一つ）の「結果」を予想して検討するものです。「仮定」より自由度は低い代わりに、より確からしい今後を検討するのが見通しです。

⑭**原因**は「因果関係の把握」と言ってもよいものです。示された結果を踏まえ、その「原因」を

考えるという観点です。結果がよいにしろ悪いにしろ、その原因を明らかにすることは、よりよく生きる上で重要な思考です。現実の社会では、必ずしも原因が一つに特定できないことのほうが多いかもしれません。また、その結果を招いた原因が、考えるまでもない自明の場合もあり、「わかっているのにできなかった」が原因ということもあります。いずれにしても、よりよく生きる上で、望ましい結果に自らを導ける（あるいは望ましくない結果に自らを導かない、避ける）道徳的実践力（判断力等）を身に付ける必要があります。

⑮**損得**は「結果検討」をする上での一つの視点を取り上げたものです。結果は損得だけで導かれるものではありません。一見、損と思われることをあえて行うこともあります。自分に「損」だと思われることが、自分や周りの人々の「得」であることもあります。道徳科の授業で、教師が意図して、「それは、人物にとって『損』（マイナス）なことなのか、それとも実は『得』（プラス）なことなのか」などを問い返すことがあります。そのような学習場面も含めて、結果の価値や意味を計る物差しとして「損得」を取り上げました。

なお、第Ⅲ章の「銀のしょく台」で詳しく述べていますが、「損得」を「人物が与えたもの、得たもの」と考えて学びを深める方法もあります。

物事を多面的・多角的に考える意味からも、「見通し」「原因（因果関係）」「損得」は、現実的な思考と言えます。

5 結果検討

⑬ **見通し** ⑭ 原因 ⑮ 損得

教材に示されている一つ（または複数）の事柄の今後の経過、結果を検討するというものです。教材には、どちらにもよさや不十分さがあるような曖昧な事柄が示されたものがあります。

中学年 B 友情、信頼 「絵はがきと切手」

転校していった友達の正子から絵はがきが届いたものの、規格外だったので切手代が足りず、受け取った主人公が不足分を支払いました。主人公は、兄の「不足の事実を知らせるほうがいい」という考えと、母の「お礼だけ言っておいたほうがいい」という考えの間で迷い、最後には、伝えることにしたという教材です。

「自分なら、切手代が不足し支払ったことを伝えるだろうか」

自分事として考えさせる典型的な発問です。どちらにもよさがあるので、すぐにはどちらがいいのか見通せない子どももいます。そのため、それぞれのよさ、不十分さを検討します。

「わからない、決まらない」という立場も入れて、三種類の見通しを話し合います。「伝えない」は、「相手が嫌な気持ちになる」「それほど高額ではない」「わざわざ絵はがきを送ってくれた」に加えて、「仲が悪くならないようにしたい」「自分が嫌われたくない」が理由です。「伝える」は、「友達だから」「他の人（次）は、正しい切手代にできる」などに加えて「お金を返してもらいたい」や「絵はがきは頼んでもらったわけではない」など様々な理由が出されます。

「本当の友達ならどうするのがよいか」などと問い返すことで、内容項目につなげ「友達のためにこそ」伝えることの意味やよさに気付かせていくことが一般的です。

しかし、ここでは、「見通し」を更に明確にするため、次の問い返しをしました。

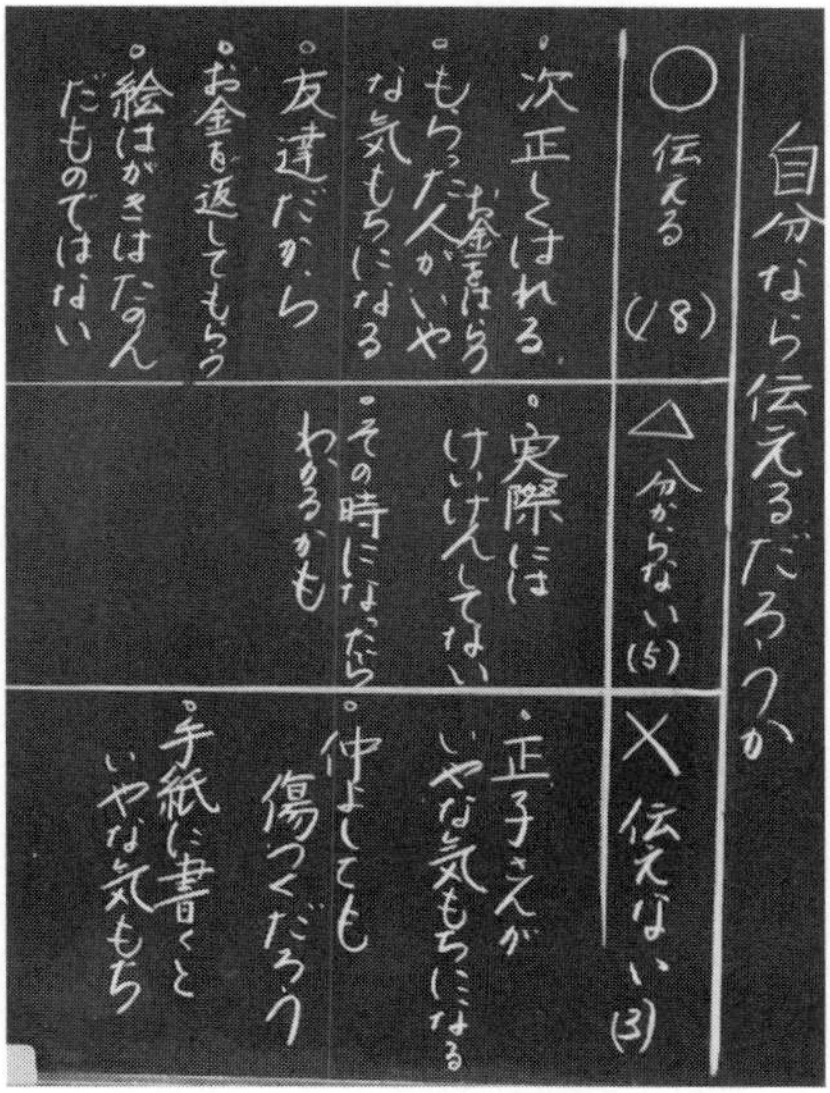
自分なら伝えるだろうか
○ 伝える (18)
・次正くはれる。
・もらった人がいやな気もちになる
・友達だから
・お金を返してもらう
・絵はがきはたのんだものではない
△ 分からない (5)
・実際にはけいけんしてない
・その時になったらわかるかも
× 伝えない (3)
・正子さんがいやな気もちになる
・仲よしても傷つくだろう
・手紙に書くといやな気もち

「何がはっきりしたら（見通せたら、わかったら）判断できるだろうか」

子どもたちが気になっていることがいくつか出ました。「どれくらい仲がよかったのか」「相手は、どれくらい傷つく性格なのか」「（手紙ではない伝え方をしたいため）電話番号がわからないのか」などです。今後の自分の行動を見通すためには、道徳的価値のよさや正しさに加えて、どう実行するかを決める情報や関係が必要だということが話題になりました。

5 結果検討

⑬見通し　**⑭原因**　⑮損得

望ましい言動がわかること、できることは重要です。そのためには、今後を見通しながら行動することが必要です。同様に、教材に示された結果を導いた（引き起こした）「原因」を探ることも重要です。「因果関係」の把握ができることは価値ある学びです。

低学年　A　規則の尊重　「黄色いベンチ」

たかしとてつおが、雨上がりの日に公園で、紙飛行機を遠くに飛ばすため、靴のまま、黄色いベンチの上に立って何度も投げました。その後、二人がブランコに乗っているときに、そのベンチに小さな女の子が腰かけ、スカートが泥だらけになりました。それを見て、二人は、「はっ」として顔を見合わせたという教材です。

「（最後の場面を踏まえて）**二人の何がいけなかったのだろうか。それはなぜだろうか**」

低学年のときから、原因を「行動と考え」の二つに分類して捉える習慣が大切です。当然「靴のままベンチに上がったこと」が間違いです。低学年でも教材を一読すればすぐに気付けます。

その原因をもう少し広げます。すると、「ベンチは立つところではない」「紙飛行機を投げるところではない」「靴がどろどろだった」などもいけなかった原因として出されます。行動の原因です。これで終わったら、低学年での理解は十分ではありません。そこで、更に、

「本当の原因は何だろうか」

と問い返します。「ベンチに座る人がいることを考えていない」「人のことを考えていない」などが出されます。それらを踏まえ、「きまりは、みんなが気持ちよく過ごすためにある」のだから「みんなのことを考える」ことが大切であることを理解できるようにします。そして、「本当の原因は、みんなが使う公園のベンチの上に立ち上がってはいけないことがわかっていながら、できない、しないこと」の理解を図ります。「わかっているのに、できない」は道徳の重要な「問い」です。「わかっているのに、できない」のは、「しないこと（規則を守らないこと）が普段から平気なのだ」「人のことを考えていない（自分優先）」という考えが原因であることを見付けます。

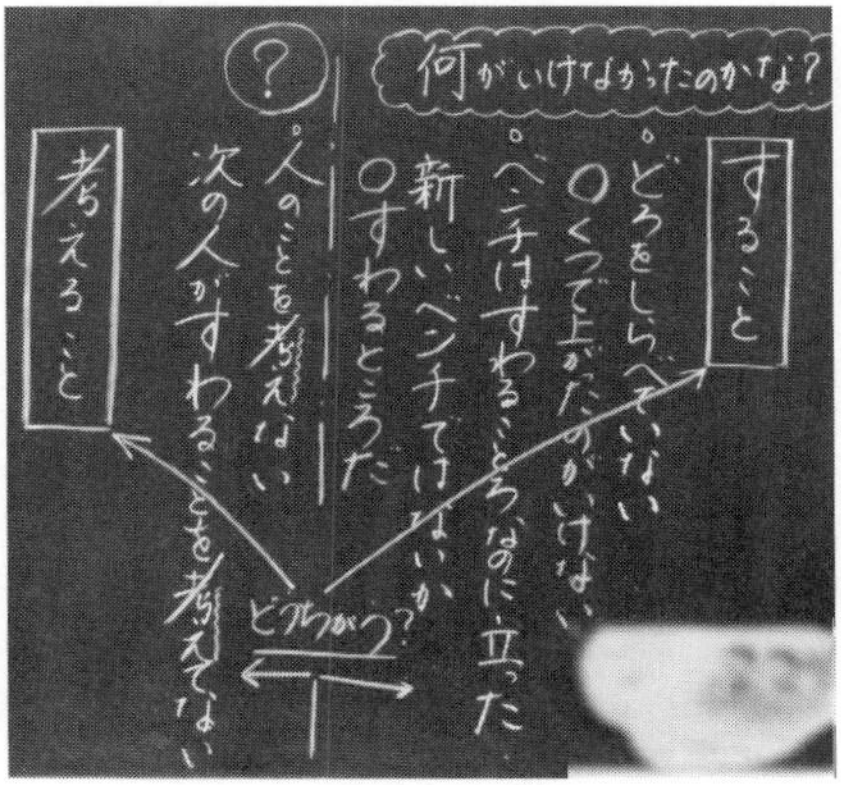

なお、心情を理解するなどの理由から行う動作化では、「適切ではない行為（この教材の場合はベンチの上から飛行機投げをすること）」においては行わないことが重要です。

5 結果検討 ⑬見通し ⑭原因 ⑮損得

日常生活では、結果を「損得」で考えることがよくあります。むしろ一般的かもしれません。教材に描かれている行動が、得か損か、子どもには思考したくなる事柄です。

中学年　A　正直、誠実　「六セント半のおつり――リンカーンの話――」

商店の番頭をしていたエイブ（若い頃のリンカーン）は、店を閉めた後、おつりを六セント半（日本円で約六円）渡し忘れたお客がいたことに気付きます。そこで、エイブは、寒い夜にもかかわらず、一〇キロ離れた家に二時間もかけて訪ね、おつりを渡して帰ったという教材です。

「エイブはどうしたらよかったと思いますか」

「助言発問」です。下の学年になればなるほど、意欲的に考えようとします。「六円なら返さない」という子どもはいなかったものの、「お客が次にお店に来たときに返す」「疲れているので明日にする」などの代案が出されました。「仮定」で述べた「フィンガーボール」の発問とよく似ています。「迷う」や「面倒くさい」などの発言も見られました。

エイブのように「気付いたらすぐに届けるのがいいに決まっている」けれど、かかる時間や距離、金額を勘案すると「割に合わない」と考える子どもが多いのにもうなずけます。しかも、お客さんも六円程度なら、それほど急がないのではないか、待ってもらってもいいのではないかと考えてしまいます。そこで、道徳では「切り札的な発問」をします。

「エイブは何（誰）のためにした（返した）のですか」

「お客さんのためにした」とわかりきっているのに、このように問うことによって「その他の答えがあるのだな」と子どもが感じ、考えを広げます。「大事なお客さんのため」なのは当然ですが、「店のため（噂が立ってお店が潰れる）」「自分のため（自分も信頼を失う）」などの意見が出ます。そこで、

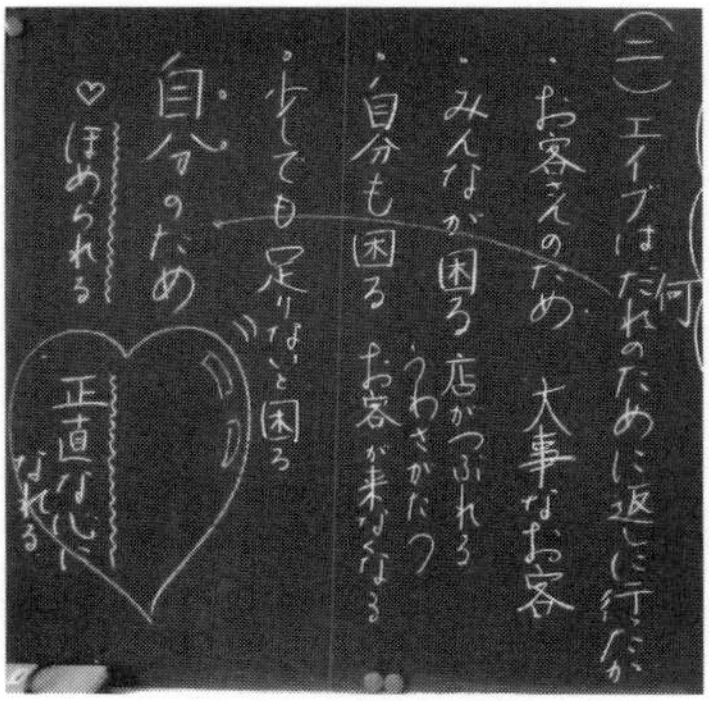

「自分のため」に焦点化して、「自分の損（信頼を失う）を補う」という損（マイナス）をゼロにするのか、「自分が過ちを素直に改め、自分に正直に生きる」という得（プラス）を積み重ねようとするのかと問います。「お客に正直にするだけではなく、自分に正直になる」ことの「損得」を理解させることができる思考の技法です。**⑥好悪・得意**の「なしの実」の終末とよく似ています。なお、子どもには、「損得」という用語を「プラスとマイナス」と言い替えるほうが語感としてわかりやすいかもしれません。

6 課題把握

⑯問題点 ⑰対立点 ⑱関心事

思考の技法、六つめは「課題把握」です。これまでの五つの技法は、例外はありますが、およそ「手段的技法」とまとめることができます。考えるための「技法」そのものです。

それに対し、これから述べる五つの技法は、道徳科授業の目標や重要な活動を達成するための「目的的技法」と言えるものです。「課題把握」「想起」「人の理解」「自己理解」「身体表現化」の五つを設定しました。

その筆頭「課題把握」の下位には、「問題点」「対立点」「関心事」の三観点を入れています。「問題点の把握」「対立点の把握」「関心事の把握」の一つ（または複数）が「課題の把握」を一層可能にします。

⑯**問題点**は、教材の内容や友達の意見等から、問題となる事柄を見付けることです。問題ですから、あるべき姿と異なる点、誤り、善悪なら悪と考えられる事柄です。問題点を指摘するために、これまで述べた五つの「手段的技法」が有効な場合もあります。また、教材からすぐに読み取れたり、直感的に感じ取れたりできる問題点も多いですが、表面的な問題点と、学習を進めていく過程で改めて捉えられる隠れた問題点との二種類が存在する場合もあります。どちらの場合においても、「問

題点」を把握することが、自分なりの「課題設定」や「追究意欲」、「道徳的価値の理解」などにつながります。結果検討の⑭**原因**と近い思考、子どもの姿になる場合もあるかもしれません。

⑰**対立点**は、教材の複数の人物同士の主張の違い、対立の他にも、一人の人物の中の葛藤、悩み、迷いとして描かれていることもあります。また、どちら（どれ）が問題、誤りで、どちら（どれ）が正解、善なのかをわかりやすく表現している教材もありますが、問題点と同様、最初把握していた対立点とは別のそれが、学習の進展中に現れる場合もあります。また、対立点をなくすためにどうすればよいかを思考することが「道徳的価値の理解や実現」、「自己の生き方についての考えを深めること」につながることがあります。

⑱**関心事**は、前の二つに比べると、子どもの心情に任せる部分が大きいため、意見や感想が様々になることがあります。子どもが感じ取る関心事を学習課題や展開に生かすことは、子どもの主体的で意欲的な学習を一層可能にすることにつながります。現代的な課題などのように、社会的に関心を集めている事柄については、他の教科との関連的な指導を行うなどして、理解しやすい学習内容や展開にすることが必要です。

なお、探究的な道徳科授業においても、大枠としては他教科・領域等と同じように、「課題の設定」「情報の収集」「整理・分析」「まとめ・表現」の段階を想定することが可能です。その意味からも「課題把握」の技法は重要な役割があります。

6 課題把握

⑯ 問題点 ⑰ 対立点 ⑱ 関心事

何が問題なのか、間違っているのかを一読で把握できる教材は比較的多くあります。大切なのは、その問題がなぜ問題なのか（本当の問題、問題の意味）を考えることです。

低学年 A 節度、節制「かぼちゃのつる」

かぼちゃは自分のつるを好き放題に伸ばします。はちやちょうなどの注意を聞かず、自分の畑が空いているのにすいかの畑にもつるを伸ばします。また、道にも伸ばし、みんなが通りにくそうにします。最後には、トラックが通り、つるを切ってしまうという教材です。

「かぼちゃがわがままなのは、どんなところだろうか」

時間はかからずに、子どもは、いくつかのわがままを指摘します。Aはち、ちょう、すいか、犬の注意を受け入れないこと、Bすいかが嫌がっているにもかかわらず、すいかの畑につるを伸ばしたこと、Cつるで道をふさいだこと、の三つに分類できます。BとCは似ているので、二つの違いを考えさせることで、もう少し奥の「問題点」を見付けることができます。

「すいかの畑に入るわがままと道をふさぐわがままの違いはどんなところだろうか」

子どもは、すいかの畑に入るわがままは、すいか一人に迷惑をかけるわがままで、道をふさぐわがままは、その道を通るたくさんの人に迷惑をかけるわがままだということに気付きます。そして、わがままは人に迷惑をかけるという問題があることを改めて確認します。そして、

「自分が好きでしたわがままだけど、自分に迷惑をかけていますか」

すぐに、「トラックにつるを切られた」ので自分にも迷惑をかけている、自分も困った、損をした、と発言します。わがままは好きでやっていて楽しいようだけれど、最後には、自分が困ることになるということを、この教材ではトラックにつるを切られ痛い目に遭うことに例えています。これらのことから、わがままの問題点は、相手（一人）、みんな（大勢）、そして、自分に迷惑（困り）をかけるということが理解できました。

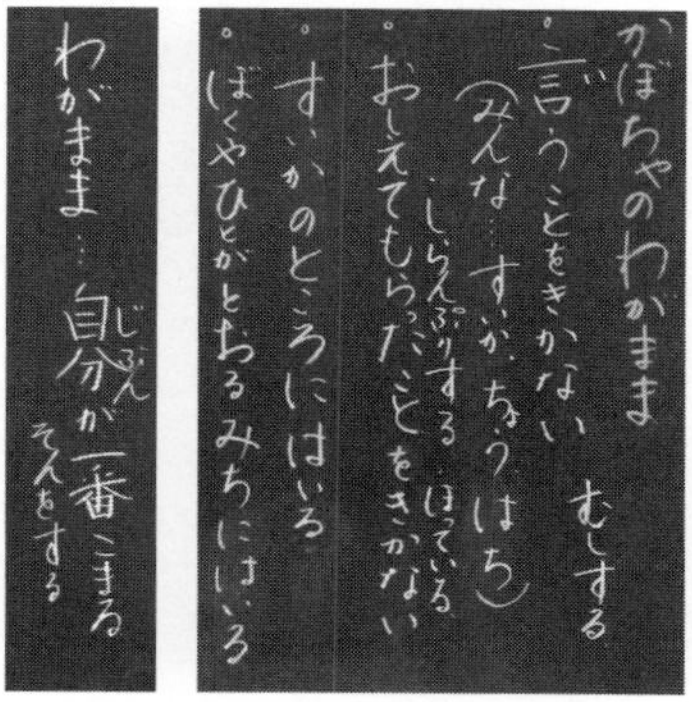

なお、「節度、節制」は、A「主として自分自身に関すること」が視点なので、本来は、人に迷惑をかけなくても自分が困ることが理解できる必要があります。歯を磨かないというわがままは人に迷惑をかけませんが、虫歯で困るのは自分だということなどを、展開後半の「自分を見つめる段階」で教師が例示し、または子どもが見付けて学びを深めることも重要です。

6 課題把握

⑯問題点 **⑰対立点** ⑱関心事

「対立点」を明確にするための思考は、課題把握や道徳的価値の理解を促したり、一層確かにしたりします。

低学年　A　善悪の判断、自律、自由と責任　「ぽんたとかんた」

ぽんたと大の仲よしのかんたは公園の裏山で秘密基地を見付け、「二人で行こう」とぽんたを誘います。「裏山には入ってはいけないと言われている」と断るぽんたですが、かんたは「平気」だと入って行きます。一人になったぽんたは、「ぼくは行かない」と大声で叫び、それを聞いたかんたはびっくりして裏山から飛び出しました。裏山は危ないから「自分でよく考えて決めた」というぽんた。かんたも「自分で考えて決めた」とうなずくという教材です。

「ぽんたの中には、どんな気持ちとどんな気持ちがぶつかって（対立して）**いますか」**

対立点を思考します。

子どもは、A「入ってはいけないと言われているから、裏山に入らない（入れない）という気持ち」と、B「かんたのように遊びたいという気持ち」の二つがぶつかって（対立して）いてどうしようかと迷っていると言います。確かにそのとおりです。

しかし、それと同じくらい、あるいは、それ以上に対立している心情は、別にあります。危ないので「大人から入ってはいけないと言われているから入らない」という気持ちと、危ないから「入らないと自分自身が判断して入らない」という気持ちの二つです。「よいことと悪いことの区別」を「自分がする」のか「人がするのか」、「進んでするのか」「押し付けられてするのか」ということが対立しているのです。

その対立点を思考させるために、ぽんたが、

「『ぼくは行かない』と、もう一度はっきり言えたのはなぜだろうか」

と、問います。そうすることで、ぽんたは自分が「よく考えて決めたから」言えたのだということに気付けます。かんたも「自分で考えて決めた」ときっぱりと言っています。

このようにして道徳的価値に関する行為の善し悪しを自分で判断して決められるか決められないかが大切なのは、何も「善悪の判断」だけではありません。

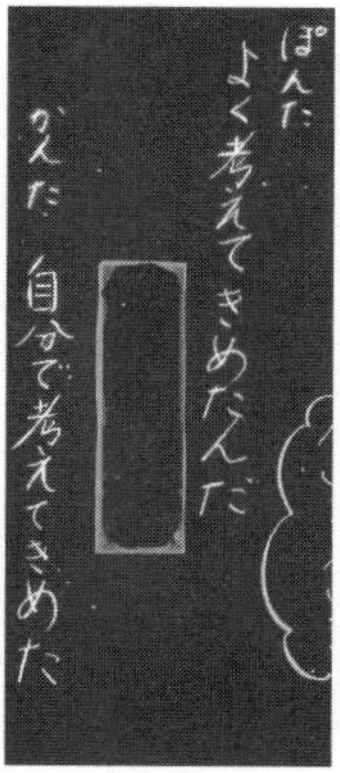

どんな道徳的価値を実現しようと行動するときにも、必ず自分で判断、決定する必要があります。道徳科ではそのような判断力を育みます。

6 課題把握

⑯問題点 ⑰対立点 **⑱関心事**

美しいものや清らかなものに素直に感動する体験（間接的な体験も含めて）を道徳科で実現できるなら、道徳科のよさ、価値も際立ちます。すがすがしさを感じる部分は、人によって少しずつ異なります。関心が高い部分を活用しながら、瑞々しい感性を育てることが大切です。

低学年　D　感動、畏敬の念　「七つぼし」

女の子が、病気の母のためにやっとの思いで手に入れた水を倒れていた犬にやると、木のひしゃくが銀に変わります。家に帰り残りの水を母に飲ませようとすると、母は逆に女の子に飲むように言います。すると金のひしゃくに変わりました。そこに疲れた旅人が来たので、ひしゃくを渡すと、中から大きな七つのダイヤモンドと冷たい水も飛び出したという教材です。

「どの場面に心が惹かれますか（関心がありますか）**。その理由は何ですか」**

美しい、清らかだなど、感動を覚える場面や状況は人それぞれです。そのため人がどこに関心を寄せたのか互いに聴き合うことで、そのすがすがしい気持ちを共有します。本来、理屈抜きで感じるものですが、あえて、「なぜそう感じるのか」と立ち止まり「心を揺さぶられた理由」を出し合います。教師も子どもも互いに否定も肯定もせず、感じ合うことがこの内容項目の学習にはふさわしいでしょう。

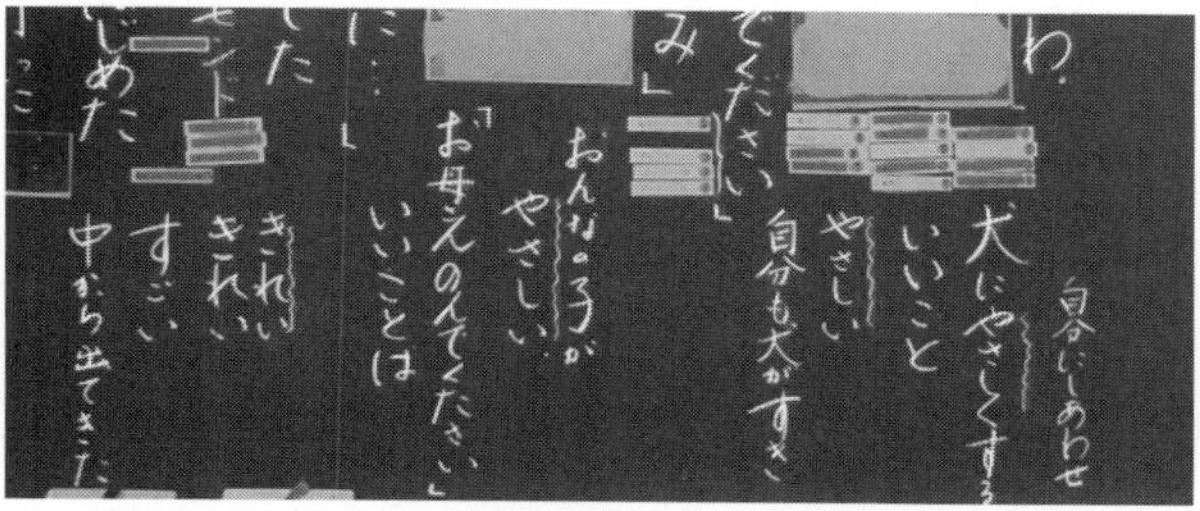

そこで、心が惹かれた場面絵の下に、自分のネームカードを貼付して、その理由を道徳ノートに書くことにしました。「対象の区別なく優しくしていること」、「自分が我慢して相手に優しくしていること」に心が惹かれている子どもがほとんどでした。

本来、道徳的価値は、「善」が基本です。しかし、この内容項目は、捉えようによっては、「美」と言えるものです。女の子や母親の「人に対する思いやりや優しさ」を「美しい」と感じる心です。しかし、自己犠牲を払った人物の生き方に「美しさ」の理由を求めることは、道徳的価値から離れてしまうことになります。そのため、「美しさ」の解釈には注意が必要です。互いに関心をもったこと、心が惹かれたことを共有し、すがすがしい心をもち、清らかな感性を育てます。

授業以外の場面、休み時間や給食の時間などに、タブレット等を活用するなどして、心地よい音楽を聴いたり、芸術作品や身近な自然の美しい映像などを見たりすることもよいでしょう。

7　想起

⑲経験想起　⑳知識想起　㉑思考想起

思考の技法、七つめは「想起」です。過去の自分の経験や知識、考えを思い出し、学習に活用することです。この技法も、手段的と言うよりも、目的的な技法です。道徳科の導入では特に、自分や自分の周囲の事柄に関わる何かを思い出す思考が多く見られます。また、その他の学習段階である「展開」「終末」においても必要に応じて求められる思考です。

更に、道徳科の目標には、「自己を見つめ」とあります。これは、自分の「今」「これまで」の有り様を思い出すことが含まれます。その意味でも想起は、道徳科の目標に強くつながる思考だと言うことができます。「想起」の下位に「経験想起」「知識想起」「思考想起」の三観点を設定しました。

⑲**経験想起**には、その経験そのものがもつ事柄、事情、状況全般が含まれます。また、その経験の際に感じた感情、心の動きを思い出すことも含まれます。道徳科の導入では、道徳的価値に関わる経験や教材に描かれている場面と類似した経験などを教師が問い、子どもが思い出す学習活動が非常にたくさん仕組まれます。そのことは道徳科の思考の中で、経験の想起が特に重要だという理由でもあります。

⑳**知識想起**は、「知っている事柄、学んだ事柄」を想起することです。道徳科は認知を中心とした

学習ではありませんが、知識が無縁というわけではありません。教材が自然科学に関する事象や社会的な事柄を描いていることもあるため、教材を理解する際は、子どもがもっているこれまでの知識を動員して考えることになります。教師が「○○について知っていますか」「それはどのようなことですか」と問う場面が多くあるとおりです。

㉑思考想起は、これまでの「経験」や「知識」を踏まえて、「以前、このようなことを考えたことがある」ということを思い出すことです。考えた内容（つまり思考内容）そのものはもとより、以前しっかり考えたという行為を思い出すということもあります。

さて、物事を思い出すという心の働きは、そのときの具体的な状況、関係に加え、同時にそのときの感情を想起することでもありますから、知っている知識や考えたことを思い出させるとき以上に、感情を想起させることには配慮が必要です。いい思い出なら差し支えないのですが、大きなマイナスの感情を引き出す教師の「不用意な問いかけ」、例えば大きな失敗、悲しい出来事、体験などを思い出させるような問いは慎みます。「想起」を促す働きかけは、子どもに少なくないマイナスの影響を与える場合があることに常に留意しておきます。

なお、それぞれの想起の対象は、これまでの子どもの生活や学習全般です。したがって、ある程度焦点化して問う配慮が必要です。更に、想起の対象をこれまでの道徳科授業にすることも今後必要になると考えます。道徳科授業の単元的な学びが増えているからです。

7 想起

⑲ **経験想起**　⑳ 知識想起　㉑ 思考想起

教材や内容項目に関する「自分の経験を想起」することを通して、経験の中のよさや難しさなどに着目し、道徳的価値の理解や自分の生き方についての考えを深めます。

低学年　A　希望と勇気、努力と強い意志　「小さなど力のつみかさね―二宮金次郎―」

二宮金次郎は親を一〇代で亡くしおじの世話になる中、言いつけを守りしっかりと働きます。また、生家を造り直すという夢の実現のため毎日仕事を終え懸命に勉強します。夜の明かりに使う油がもったいないと言われ、勉強を諦めようと思うも、知り合いからもらった菜種を育て油に交換し勉強を続けます。やがて、二〇歳で家を造り、努力の大切さを多くの人に伝えるという教材です。

金次郎が勉強に励む話なので、導入はそのことを尋ねます。

「あなたはどんな勉強を頑張っていますか」

非常にオーソドックスな導入です。頑張っている勉強はどの子どもにもありますし、プラスの経験を想起させるのですから、進んで思い出し発表します。

「毎日続けるとよいが、なかなか続けられないのはどんな理由からですか」

マイナスな経験を想起させますが、これくらいなら特に問題はないと考えます。「ノートがなくなる」など自分に関係ないことに原因を求める発言などは、低学年らしいです。「やることを忘れてしまう」というのも正直なところです。

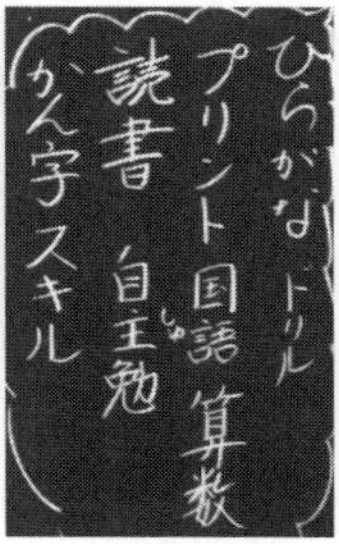
ひらがなドリル
プリント国語 算数
読書 自主勉
かん字スキル

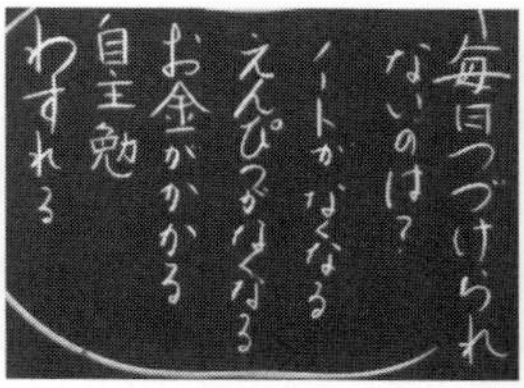
毎日つづけられないのは？
ノートがなくなる
えんぴつがなくなる
お金がかかる
自主勉
わすれる

「あなたにも金次郎と同じように夢をもって頑張っていることはありますか」

道徳科授業では「不十分な自己の自覚（本当はやるべきだが、できていないことに気付くこと）」も大切ですが、それ以上に「少しずつできている自己の自覚（できてきているが、その事実やよさに改めて気付いたということも含む）」の認識のほうが重要です。そのため、導入の「努力できている事柄」に再度着目させ、「自分の中の金次郎」を見付けます。そして、金次郎が「夢や目標」をもっていたことで一層努力できたことに気付かせ、自分の目標を再確認させます。

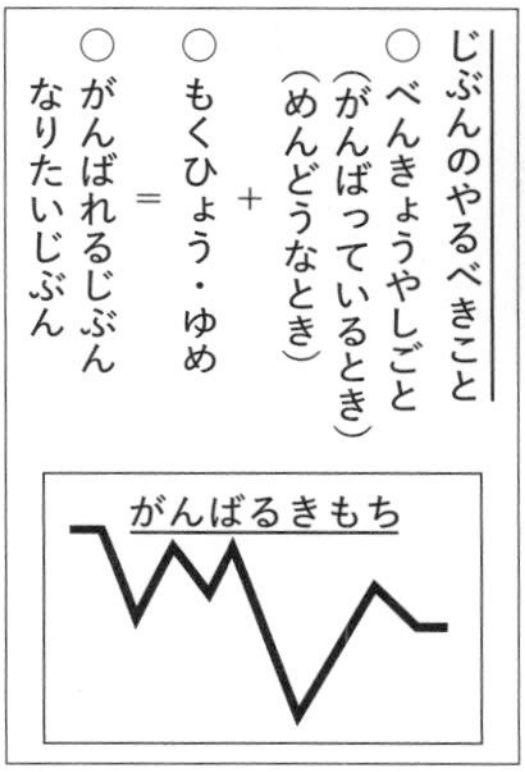
じぶんのやるべきこと
○べんきょうやしごと
（がんばっているとき）
（めんどうなとき）
＋
○もくひょう・ゆめ
＝
○がんばれるじぶん
なりたいじぶん
がんばるきもち

「できている自分＋目標＝もっとできる自分」などと足し算にまとめるのも、思考の技法をうまく活用する例です。また、足し算に合わせて、自分の心情曲線を描いてみるのも、経験想起の効果的な方法の一つです。

7

想起

⑲経験想起 **⑳知識想起** ㉑思考想起

蓄えている「知識」を想起する思考は、道徳科においても必要です。論理的に思考を進めるため、知っていることを皆で確認したり、その場で調べたりする学習を行う場合もあります。

高学年　D　自然愛護　「ひとふみ十年」

高山植物の多い立山に母と登った勇は、遊歩道そばの草むらに腰を下ろします。すると自然解説委員の松井さんに「高山植物（チングルマなど）の上に座らないでほしい」と注意されます。案内された「立山自然保護センター」で、チングルマはマッチ棒の太さになるのに一〇年以上かかると聞かされ、自然を守ることの大切さを改めて知るという教材です。

「高山植物を知っていますか。これを見てください（または、調べてみましょう）」

ここでは、教材を提示する前後に、高山植物が大変貴重であることの理解が不可欠です。教科書には、それがわかるように挿絵などの資料が挿入されています。子どものタブレットで「立山自然保護センター」などのウェブページを見ることを家庭学習で確保しておくこともできます。それが難しければ、タブレットなどで子どもが授業中に閲覧してもいいですし、教師が全体に効率よく示

守りたい自然と守る取組

分類⇒対象場所→組織・取組

自然環境
- 植物⇒〇〇〇桜→→観光協会
  〇〇の大木→ボランティア
- 山⇒〇〇峰、〇〇山→子ども会
  清掃活動
- 水⇒〇〇峡、〇〇川→自治会
  草刈り

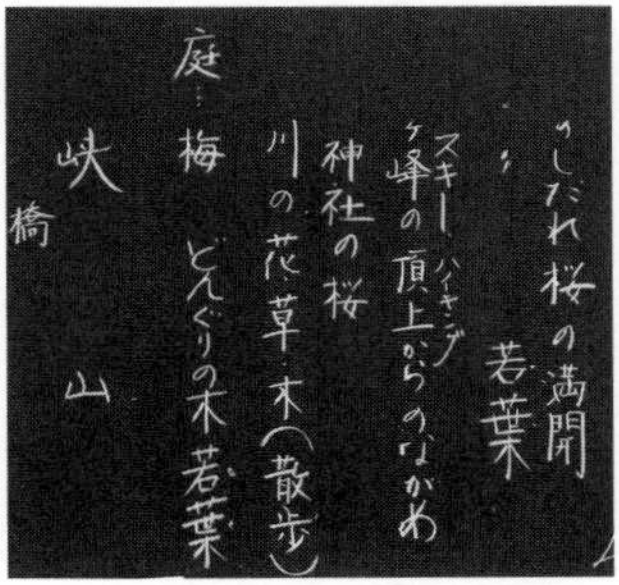

して、理解させることも容易です。

展開では、「自然の偉大さを知り、自然環境を大切にすること」について学びます。高山植物の美しさや保護のための取組（外来種の除去など）は、当該ウェブで確認できます（本書執筆時）。

展開後半や終末では、その理解を身近な生活に結び付けることが求められます。そこで、

「**みなさんの身近な自然の中で今後も保護していく必要があるところはどこですか**」

高学年なら、教材ほどではないにしても、自分の校区や近隣の地域、市内、県内で保護すべき自然を知識としてある程度知っています。その量には差がありますので、それらを出し合って共有します。「〇〇のしだれ桜」「〇〇ヶ峰」「〇〇峡」「〇〇山」など次々に出てきます。それを「植物」や「山」「水」というブランチにします。そして、その項目の横に、具体的な対象を並べます。更にその隣に、自分たちができることなどを書き込むと、道徳的な実践意欲等を養うことができます。

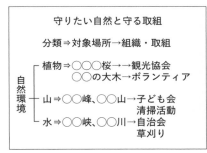

7 想起

⑲ 経験想起　⑳ 知識想起　**㉑ 思考想起**

理科的、社会科的教材では特に、これまで考えた内容や考えた行為を想起することが、教材の記述内容や教材に含まれている道徳的価値の理解を深める上で、効果的な場合があります。

中学年　D　自然愛護　「わたしたちがつくる、地球にやさしい生活」

毎日多くの物を作り捨てています。日本全体のごみの量、処分場の写真、ごみ清掃員、生産者の意見、３Ｒの考え方など「非連続型テキスト」の側面をもつ教材です。

教材の最初には、子どもが朝食を食べている様子、大人がごみを捨てている様子、水を出しっぱなしで歯磨きをしている様子などがイラストでまとめられています。

「**四つの絵のよいところ、悪いところなどについてこれまで考えたことがありますか。どんなことを考えましたか**」

水や野菜の無駄遣い、ごみの多さなどについて、これまでも良し悪しやその内容について考えたことがあると言います。また、自分がこれまで注意して生活していることも想起できました。ごみの量のグラフや処分場の写真から感じたこと、考えたことをペア、全体で話し合った後、「捨てたら終わりではなく、捨てた後のことも考えてほしい」という清掃員の考え、「苦労して大切に育てた物なので、たくさんの人においしく食べてもらいたい」という生産者の気持ちを考えます。どちらも普段何となく考えてはいるものの、このようにしっかり受け止め、考えたことはないでしょう。

「3Rの視点から生活を見直し、学校や家、地域でこれまで考えていた内容を書きましょう」

リデュース、リユース、リサイクルの3Rについて、家庭や総合的な学習の時間などで学んだことを思い出し、三つの中で関心が高いものから、自分ができることなどを順次記入します。ノートまたはタブレットで「Yチャート」のようなまとめをすることがわかりやすいでしょう。身近な生活の見直しなので、これまで考えたことのある事柄が多く出されます。その後、互いに考えたことを交流して、今後の生活を向上させていくことを心に留めます。

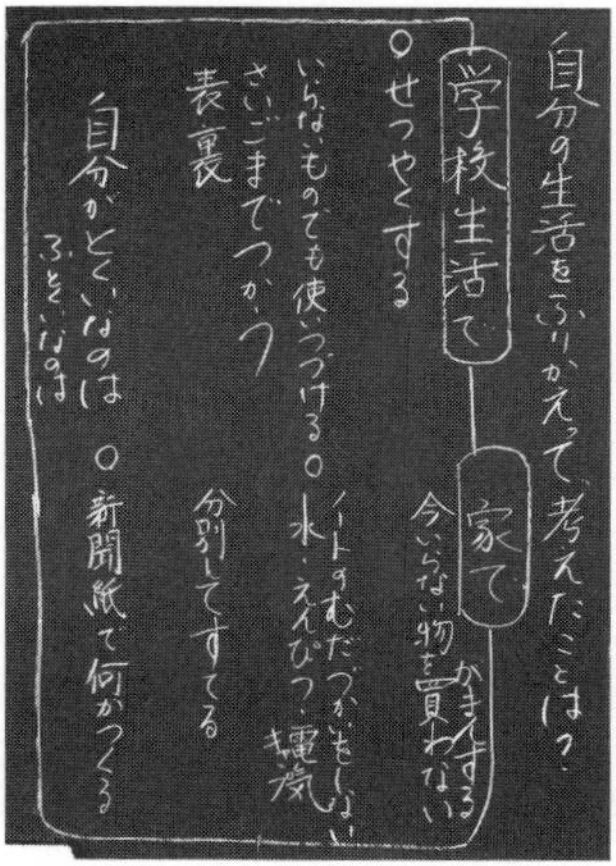
自分の生活をふりかえって、考えたことは？
学校生活で
○せつやくする
さいごまでつかう
表裏
家で
今いらない物を買わない
分別してすてる
自分がとくいなのは
○新聞紙で何かつくる

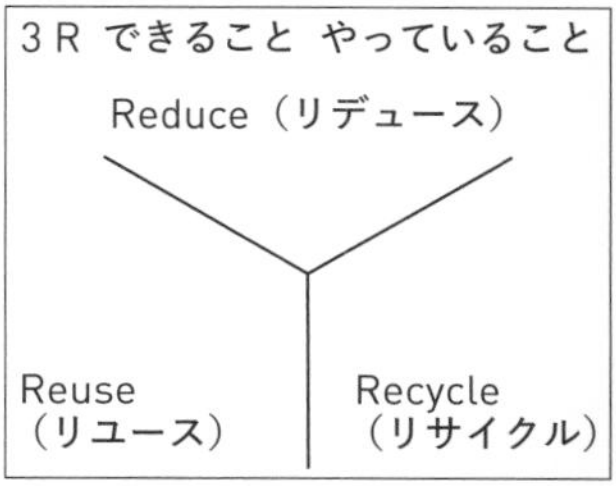
3R できること やっていること
Reduce（リデュース）
Reuse（リユース）
Recycle（リサイクル）
Yチャート

現代的な課題である環境保護については、日常生活で適切に思考することで、行動を変容させ、習慣化することが重要です。

8 人の理解

㉒人物理解 ㉓他者理解 ㉔人間理解

思考の技法、八つめは「人の理解」です。様々な「人」の理解があります。道徳科授業では、「自分」をどう見つめ、理解するかが最も大切です。そこで、「自分」については次項で扱うこととして、ここでは、自分を除いた「人」に関する理解について扱います。

これまで同様、三種類の観点を想定しました。「人物」「他者」「人間」の三つの理解です。どの「人」を理解する上でも、「自分に引き付けて、自分事として人を理解すること」「多面的・多角的に人を理解すること」の二側面が重要です。

この双方があることで、自分を棚に上げ、一面的な見方で人物や他者を批評することを避けることができ、責任のある学習になります。

㉒**人物理解**の「人物」は、「教材の中に出てくる人物」という意味で使用しています。多くの道徳科授業では、読み物教材を使用します。そのため、その中に登場する人物（動物や擬人化された事物も含む）の何をどのように理解するかは、大切な思考の対象であるし、技法だと言えます。子どもは、教材中の人物の姿を借りて自分の考えを出すことができますし、人物の行動を検討することで、道徳的価値の理解を進めます。教材という共通の学びの場があることで、集団による学習が成立し

ますから、登場人物の理解が共有されると学びが充実します。

㉓**他者理解**の「他者」は、一緒に授業をしている「友達」または、「教師」という意味で使っています。「同じ事柄について話し合っているのに、人によって様々な考えがある」「道徳的価値に関する事柄について、自分では全く思いも付かなかったこと（または、全く同じこと）を考える友達がいる」ということを理解するということです。解説道徳編には、このことに関わることとして「道徳的価値を実現したり、実現できなかったりする場合の感じ方、考え方は一つではない、多様である」という記述があります。また、他者理解は、道徳科の目標にある「物事を多面的・多角的に考える」内容の一つでもあります。

㉔**人間理解**とは、「様々なことを話し合い納得した上であっても、人は、善いと考えることがなかなかできない弱さがあること」や反対に「人は、その自分の弱さに真剣に向き合うことで、それらを乗り越え、強く、たくましく生きる尊さももっていること」などを意味するものとしました。解説道徳編にも、それに似た記述があるのはご承知のとおりです。

教材中の人物であれ、学級の友達であれ、人を理解するということは、それほど容易なことではありません。したがって、人の理解は、その人の人間関係を含めた様々な状況を考慮しながら行う必要があります。教材中の人物や学級の友達を通して、自分の道徳的価値の理解が深まるのは事実ですから、「人の理解」は、重要な思考の対象であり技法だと言えます。

8 人の理解

㉒ **人物理解** ㉓ 他者理解 ㉔ 人間理解

教材中の人物を理解する上では、「人物の内側に入って（なりきって）可能な範囲で共感的に理解する技法」と「人物を外側から客観的に判断、評価する技法」があります。双方の思考を適切に選択することで「人物理解」できることを、子ども自身がわかることが大切です。

高学年　A　節度、節制　「流行おくれ」

社会見学で着る服を買った友達の話から、まゆみも母に頼みますが、先日の服で十分と言われます。流行遅れだと訴え部屋に上がると、本を返してと弟が来ています。買ってもらえなかったので友達から借り、今日返す予定だが、まゆみが借りて返していません。乱れた自分の部屋を見渡し、母や弟の言葉が気になり、考え始めるという教材です。

「あなたは、まゆみをどう思いますか。そして、同じようなことをしたことがありますか」

人物を理解するため、二軸（四つの窓・場所）によるマトリックスに自分の考えを位置付けることが効果的な場合があります。この思考ツールでは、横軸右が「まゆみの気持ちはわかる（母にダメと言われてもほしいんだろうな）」、左が「わからない（自分勝手、わがままだ）」とする、どちらかというと「主観的（右）vs 知的（左）な人物理解」です。一方の縦軸上が「自分もしたことがある」、下が「自分はしたことがない」とする、「自分の経験、自分事としての人物理解」です。

　私が実践した授業の場合では、横軸を基準に見ると、まゆみを「わがままだ」（主として左側）と判断しつつも、「自分もしたことがある」（上方）あるいは、だから「自分はしたことがない」（下方）という子どもがいた反面、「まゆみの気持ちはわかる」（主として右側）と理解し、だから「自分もしたことがある」（上方）という子どもも同様にいました。この授業に限っては、「わかるけれどしたことがない」（右下の窓）という子どもはいませんでした。

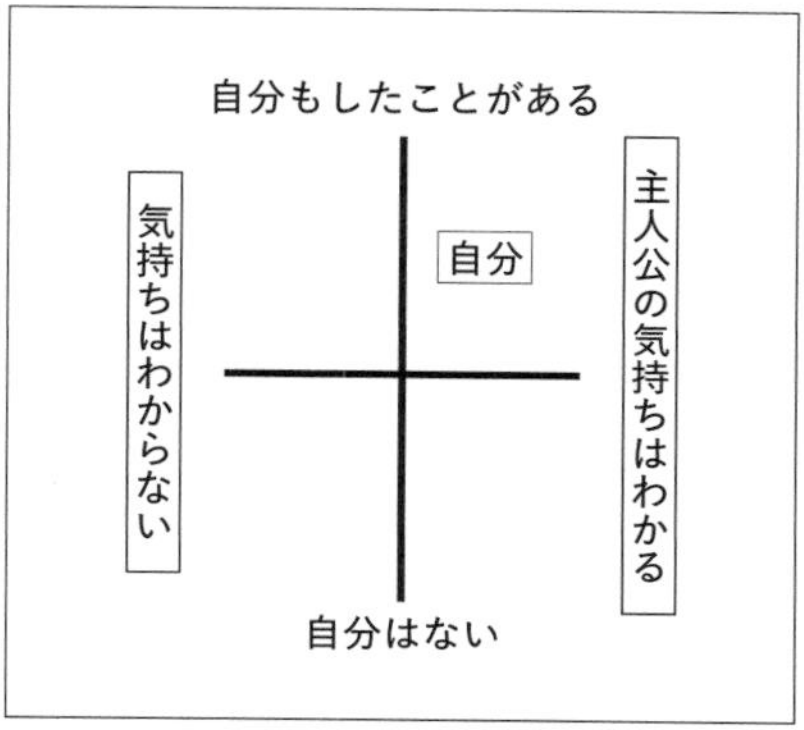

座標軸

　その後、それぞれネームカードをその位置に貼付した理由を話し合うとともに、「今後まゆみは、どうしたらいいのか」や「何が大切なのか（道徳的価値……自分の生活を見直し、節度を守り節制に心がけること）」について考えました。

　更に、高学年の「節度、節制」の学習は、内容項目の記述にもあるとおり、生活習慣の大切さの理解に加えて「自分の生活を見直す」ことにあります。そこで、教材の最後の「考え始める」に着目するなどして学習を展開する必要があります。

8 人の理解

㉒人物理解　**㉓他者理解**　㉔人間理解

前項のように教材中の「人物理解の内容」を話し合う中で、友達の考えを理解することは「他者理解（友達の理解を理解する）」の大きな部分です。また、「他者理解」で重要なのは、友達の道徳的価値の理解と自分のそれとの異同に気付き、自分の価値理解を深めることです。

中学年　B　親切、思いやり　「くずれ落ちただんボール箱」

主人公は友達と店で、五歳程度の男の子が段ボール箱を崩し他所に行く場面に出会います。元に戻そうとする祖母に、自分たちがやるので男の子を追いかけるよう伝えます。積んでいたら店員が来て二人がやったと誤解し注意しますが、二人は事情をうまく説明できません。店員が去った後、祖母と男の子が戻ってきてお礼を言いますが、何となく気詰まりでした。後日、店から誤解したとの謝罪と感謝の手紙が学校に届き、朝会で校長先生が紹介したという教材です。

「二つの場面で、主人公の心の中にある親切にしようとする気持ちを『親切やる気温度計』と表情絵で表しましょう」

この活動は、㉒**人物理解**の一つの手法です。二つの場面を同時に扱うことがポイントで、その違いを数値（温度計）とイラスト（表情）で比較しながら理解するものです。ＵＤ道徳科授業の要件にしている「視覚化」の手法です。このことを共有した後、中心発問です。

「祖母と男の子が戻ってきてお礼を言ったとき、主人公はどんなことを考えていたでしょう」

「親切にしたのに、店員さんに叱られたので損をした」など行動そのものを後悔する意見が出る一方、「叱られて嫌だったが、役に立ててよかった」など、困難なことはあったが親切な行動ができて満足したとの発表もありました。そこで、私は、このまま「誰に対しても思いやりの心をもち、相手の立場に立って親切にすることのよさ」についてまとめようとしました。

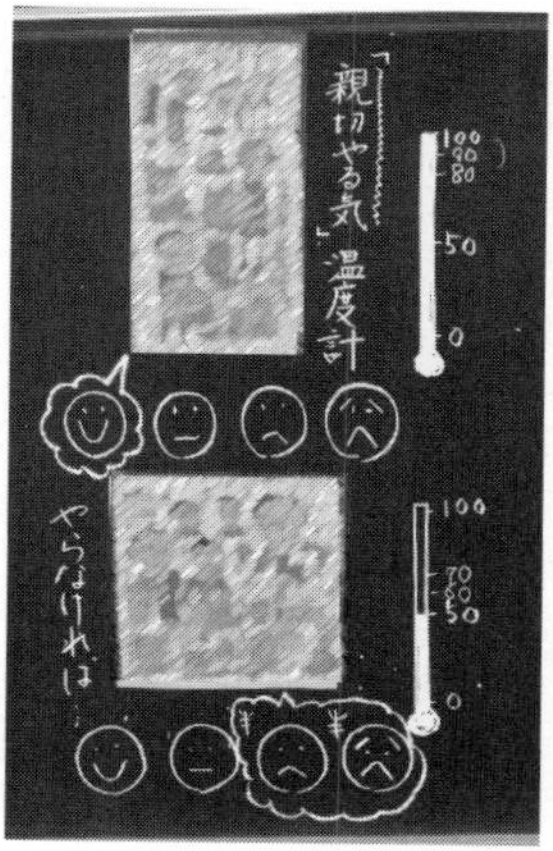

ところが、まだ言いたいと手を挙げている子どもがいます。時間が迫っている中、指名すると「叱られているところにおばあさんがいなくてよかった、と思っている」と言うのです。聞いていたみんなはその意味がよく理解できなかったのですが、もう一人、その意見にうなずく子どももいました。どうやら、この二人の子どもにとっては「おばあさんのせいで叱られたことをおばあさん自身に知らせないことも思いやり、親切」だったのです。このように友達の価値理解を知り、自分の道徳的価値の理解を深めることが「他者理解」の大切な一面です。

8 人の理解

㉒人物理解　㉓他者理解　**㉔人間理解**

読み物教材は、「主人公が十分には価値理解ができていない状態から、ある事柄に接することで、前よりも理解が深まる様子が描かれている」場合が多くあります。「人間としての弱さ」から「強さ」への変容です。この変容を追体験することで人間理解が深まります。

高学年　C　勤労、公共の精神　「牛乳配り」

ボランティアで独居のお年寄りに牛乳を配る主人公は、雨の日も自転車で通います。辞めたいと母に伝えるも励まされて続けていたある朝、牛乳箱の紙切れに「いつもありがとうございます。不自由な体ですので、牛乳を入れてくださる音を毎朝布団の中で聞いています」とあるのを読みます。牛乳と一緒に朝のすがすがしい気分まで届けていることに気付くという教材です。

展開前半では、ボランティアとして牛乳を届ける経緯、辞めたい気持ちを想像するなどします。板書は、左右に変容前と変容後を対比的に表します。多くの教材で通用する板書配置です。それぞれにふさわしい挿絵を添付します。大切なのは、人としての弱さを強さに変えた理由の理解です。そこで、問います。

「主人公が前向きな気持ちになったのはなぜでしょうか」

誰もが「お年寄りからの感謝の手紙をもらったから」だと言います。そのとおりなのですが、十分とは言えません。

そのため、主人公が、自分の行動（牛乳配り）に対する意味付けを変えたことの理解を図ります。「行動の価値がわかる、行動のもつ意味の理解が変わる」ことです。

「主人公は牛乳以外に何を届けているのでしょうか」

話合いの中で「元気、安心、心配している心、優しい気持ち、幸せ」などが出されました。この場合、「自分が届ける牛乳は、その人にとって何なのか」という認識が、人としての弱さから強さへと変容する人間理解の中心になります。

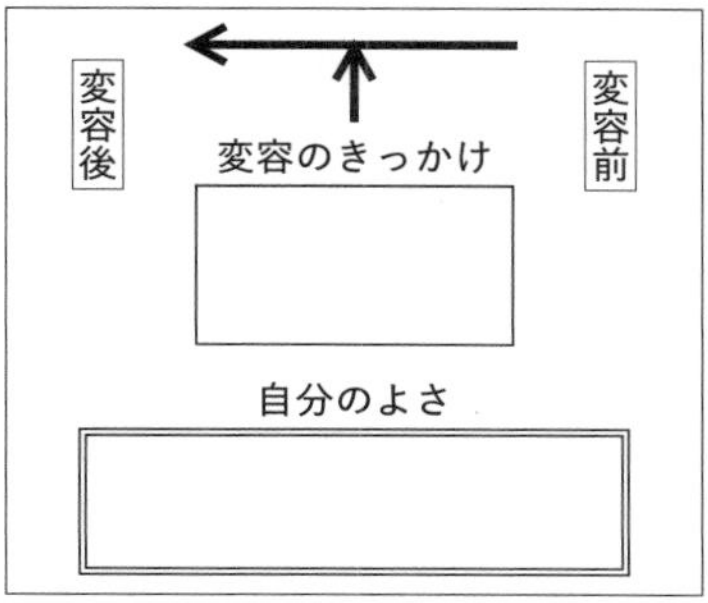

図の道徳プリントは、多くの授業で使える思考ツールです。下にある「自分のよさ」は、この授業の場合は、「自分の仕事で周りに届けているもの」か、「自分にとっての仕事の喜び」を書きます。前者は価値実現において「自分が周囲に与えるもの」、後者は「自分が得ているもの」です。その双方があることで、内容項目の「充実感を味わう」になります。このように自分と周囲が「得るものと与えるもの」（⑮**損得**）で人間理解を図ることが有効な場合があります。

9 自己理解

㉕自分のよさ ㉖自分の不十分さ ㉗前向きな気持ち

思考の技法、九つめは「自己理解」です。道徳科授業で自己理解とは、道徳的価値を窓口にしたそれです。目標にも「自己を見つめ」や「自己の（人間としての）生き方についての考え」などとあるように、道徳科の学びは、最終的に「自己」に戻ります。そのため、自己をどう理解するかは何よりも重要です。自己理解の観点として、自分のよさと不十分さに加えて「前向きな気持ち」を設定しています。それは、自分の中の「積極的に価値実現しようとする感情」などに気付くことがよりよい自分にすると考えるからです。なお、「自分」と「自己」の使い分けですが、「自分」は平易な意味での「私」を表すこととし、「自己」は少し深い解釈、存在としての「私」を表している、と捉える程度にしておきます。

㉕**自分のよさ**は、一般に、その道徳的価値を実現している、すなわち、そのような行動を取ろうとする判断ができ、ある程度習慣化している内容です。また、行動を支える心情もよさと言えます。行動と心情の双方が相まってその人のよさと捉えることが一般的です。言うのは簡単ですが、実際に道徳的価値を実現しようとすることは難しく、時と場合によってできたりできなかったりすることは往々にしてあります。

㉖自分の不十分さはその逆ですが、前項の「人の理解」で述べたとおり、人は思うように行動できないことが少なくありません。その意味では、道徳科授業では、「不十分な自己の自覚（自分はまだまだだなあ）」をねらうことも必要ですが、むしろ、「（自分のよいところに比べれば全く不十分だけれど）少しずつ伸びようとしている自己の自覚（自分はこの点については、更によりよくできるようになるかもしれない）」のほうを大切にすることが重要です。このことは、子どもだけではなく、大人においても同様です。「不十分さをよさの芽」だと捉えます。

㉗前向きな気持ちは、「自分のよさ」と「自分の不十分さ」の双方を理解した上でもつべきものです。道徳的実践意欲や態度に近いものかもしれません。繰り返しになりますが、「前向きな気持ち」を自己理解の一つに入れているのは、そもそも自分の中にそれを見付け、育てることは、「自己（人間として）の生き方についての考えを深める」上での重要な部分だと考えるからです。

なお、解説道徳編では、「道徳的実践意欲と態度は、道徳的判断力や道徳的心情によって価値があるとされた行動を取ろうとする傾向性」とされており、「道徳的実践意欲は、道徳的判断力や道徳的心情を基盤とし道徳的価値を実現しようとする意志の働き」、「道徳的態度は、それらに裏付けられた具体的な道徳的行為への身構え」とあります。どれも、前向きな気持ちに大きく関係する内容です。そのため、「自分のよさ」や「不十分さ」「前向きな気持ち」を自分なりに理解しようとする思考は欠かせません。

9 自己理解

㉕自分のよさ ㉖自分の不十分さ ㉗前向きな気持ち

自分のよさを見付ける方法は、一般に二つあります。一つは、当該価値にふさわしいよさをたくさん出した上で、その中からよりよいものを選ぶという方法です。もう一つは、例えば、教材中の人物になりきって当該価値に関係する行動や心情を十分追体験した上で、その理解を生かして関係する自分のよさを見付けるという方法です。どちらかというと前者は量的な見付け方、後者は質的な見付け方です。本時は、後者の例で、鉛筆対談を使った授業です。

中学年　B　親切、思いやり　「ぐみの木と小鳥」

友達のりすが姿を見せないことを心配するぐみの木に代わって、ぐみの実を持ってお見舞いに行った小鳥は、りすが病気であることを知ります。次の日も小鳥はぐみの実を運びました。その次の日は嵐でした。やむのを待たず、激しい雨と風の中、小鳥はりすのところにぐみの実を届けます。かなり元気になったりすは、これまで以上に感謝するという教材です。

「**みなさんが小鳥になって、嵐の中、りすのところに行った場面を鉛筆対談しましょう**」

鉛筆対談という思考ツールには、いくつかのパターンがあります。隣席の人としゃべらないで筆談（会話）する、自分自身と教材中の人物が筆談する、自分が教材の中のある人物になったつもりで別の登場人物と筆談するなどです。隣席との筆談以外は、どの人物になってどの人物と筆談しようが、自分が二役することになります。その意味では、教材中の人物の姿を借りた「自己内対話」です。相手の具合を心配し、他の人（ぐみの木）の心配な気持ちや、病気が治る期待を伝え、温かい心とお見舞いの品（ぐみの実）を届けます。また、逆の立場としてりすの心情を想像し、りすにもなったつもりで筆談を続けます。また、親切な行動に対して「感謝の気持ち」を伝えることも体験することができます。このような小鳥の親切な行動、温かい思いやりの心を自ら考えた後、問います。

「あなたは、誰にどのような親切や思いやりを届けていますか」

　鉛筆対談によって、自分を見つめる際に必要な思いやりのよさ、親切な行動の価値を知り、温かい気持ちを味わっているので、自分が周りの人に届けている親切を自分事として想起することができるでしょう。

　これまで以上に確かに、親切にしている「自分のよさ」を見付けることができれば、それは、自分への自信や自己肯定感につながります。

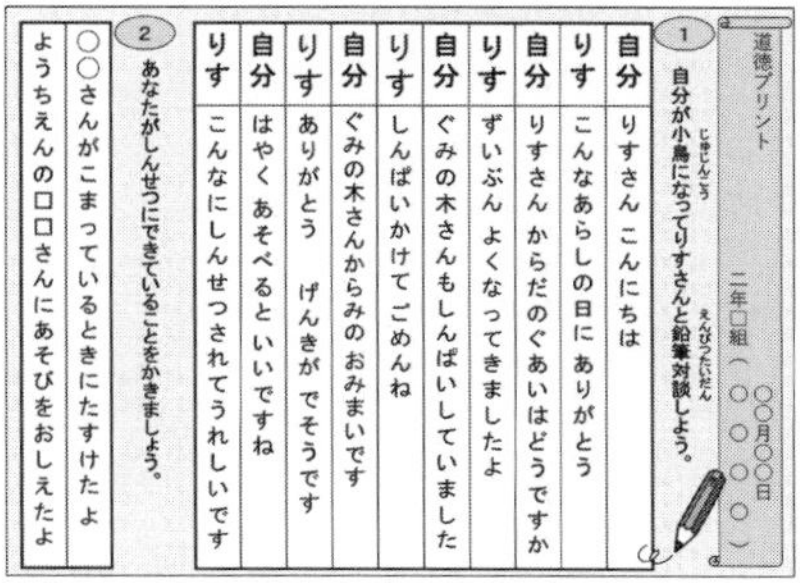
道徳プリント
二年□組（○○○○）
○○月○○日
1
自分が小鳥《じゅじんこう》になってりすさんと鉛筆対談《えんぴつたいだん》しよう。
自分　りすさん　こんにちは
りす　こんなあらしの日に　ありがとう
自分　りすさん　からだのぐあいはどうですか
りす　ずいぶん　よくなってきましたよ
自分　ぐみの木さんもしんぱいしていました
りす　しんぱいかけて　ごめんね
自分　ぐみの木さんからみの　おみまいです
りす　ありがとう　げんきが　でそうです
自分　はやく　あそべると　いいですね
りす　こんなにしんせつされてうれしいです
2
あなたがしんせつにできていることをかきましょう。
○○さんがこまっているときにたすけたよ
ようちえんの□□さんにあそびをおしえたよ

9　自己理解

㉕自分のよさ　**㉖自分の不十分さ**　㉗前向きな気持ち

自分の不十分な部分を見付けながらも、その中から向上しているであろう部分に目を向けられるようにすることが大切です。まずは、主人公の不十分な部分に着目して考えを深めます。

中学年　C　規則の尊重　「雨の日のバスていりゅう所で」

皆がバス停そばのたばこ屋の軒下で雨宿りして待つ中、よし子も母と待ちます。バスが見えるなり駆け出したよし子は、先頭で停留所に並びます。乗り込む前、母から後ろに引き戻され、六番目になり席は空いていません。ほらごらんと母を見ますが、いつもと違う顔です。よし子は自分のしたことを考え始めるという教材です。

「あなたは、よし子がしたことをどう思いますか。ネームカードを貼りましょう」

前述「2　選択」のところに掲載している「道徳スケール」（三一ページ）を使い、黒板上で互いの考えを共有します。道徳スケール（二次元）は思考ツールとして効果的ですし、多くの場面で使用されています。

よし子の立場を借りて、「自分ならどうするか」も含めて理由を出し合います。ペアと全体で話し合ったときには、「自分でも同じことをするかもしれない」などの意見も出ました。

展開後半では、よし子が公徳を守れないながらも自分を振り返る姿を取り上げます。よし子が考えたことでも出るのですが、あえて、「多面的・多角的な思考」を重視するために、視点人物を変更して考えさせる問い返しをすることも効果的です。すなわち、「自分が母ならどう考えるか」や「他の並んでいる人ならどう思うか」です。

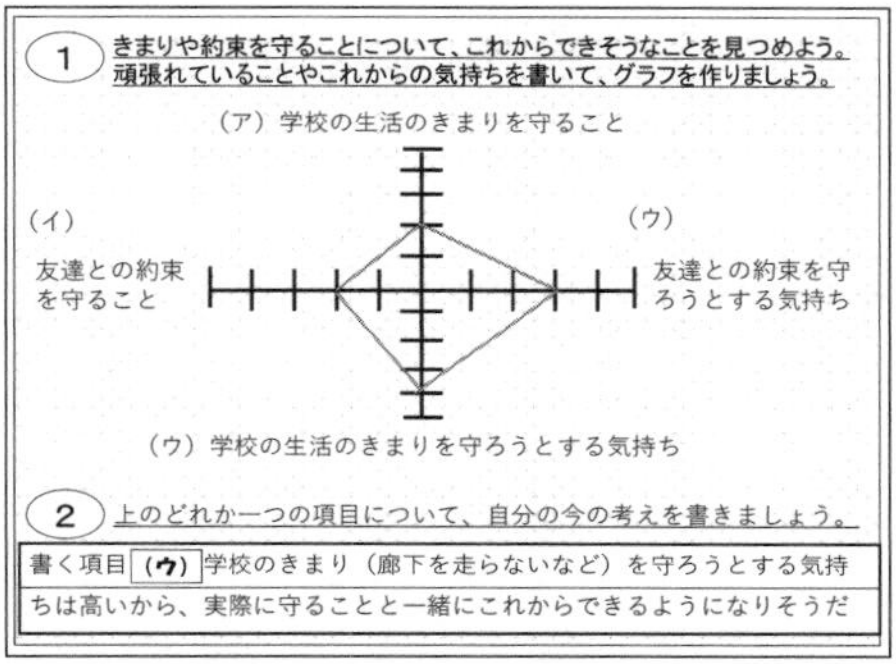
1 きまりや約束を守ることについて、これからできそうなことを見つめよう。
頑張れていることやこれからの気持ちを書いて、グラフを作りましょう。
（ア）学校の生活のきまりを守ること
（イ）
友達との約束を守ること
（ウ）
友達との約束を守ろうとする気持ち
（ウ）学校の生活のきまりを守ろうとする気持ち
2 上のどれか一つの項目について、自分の今の考えを書きましょう。
書く項目 （ウ） 学校のきまり（廊下を走らないなど）を守ろうとする気持
ちは高いから、実際に守ることと一緒にこれからできるようになりそうだ

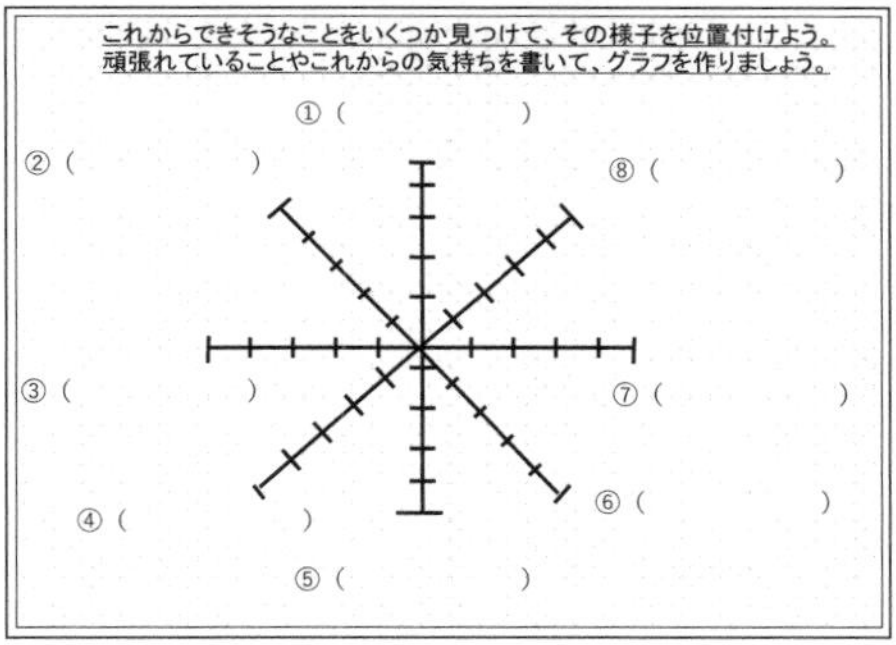
これからできそうなことをいくつか見つけて、その様子を位置付けよう。
頑張れていることやこれからの気持ちを書いて、グラフを作りましょう。
①（　　　）
②（　　　）
⑧（　　　）
③（　　　）
⑦（　　　）
④（　　　）
⑥（　　　）
⑤（　　　）

スパイダーグラフ

終末では、自分もこれからできそうな事柄（約束やきまり、公共の場での過ごし方）やそれに向かう気持ちのいくつか（上図は四つ、下図は八つ）について現時点での自己を評価をします。そして、自分の不十分な部分の中でも、伸びてきている点に着目させ前向きに捉えられるようにします。

9　自己理解

㉕ 自分のよさ　㉖ 自分の不十分さ　**㉗ 前向きな気持ち**

自己理解は、自分のよさも不十分さも「よりよい自分になる」という視点から積極的に捉えます。この「前向きな気持ち」もそれです。「自己理解は自分のよさの理解」です。

高学年　D　生きる喜び　「真海のチャレンジ―佐藤真海―」

佐藤真海は大学でチアリーダーをしていたとき、骨肉腫で右足の膝から下を失いました。希望がもてない中、新たなチャレンジを始めました。義肢装具士に誘われ義足を着けた一〇〇メートル走と走り幅跳びです。日本記録を出し、パラリンピック出場の夢をもちます。何倍もの努力を続け、参加標準記録を上回り、アテネ、北京、ロンドンと三大会連続出場するという教材です。

キーワードは、真海が大切にしている「限界のふたを外す」という言葉です。内容項目は「生きる喜び」なので、よりよく生きようとする人間の強さや気高さを理解する必要があります。

「**真海は、なぜ限界のふたを外すことができたのだろうか**」

何かをなし遂げるための必要な条件は、通常、三つに分けられます。一つは、「強い意志」です。「パラリンピックに出たい」というのはもちろんですが、「自分らしさを失いたくない」や「私にとって大切なのは、私がもっているものであって、私が失ったものではない」などに象徴されます。二つは、「具体的な努力」です。「ひたすら走ること」「走り込むと痛みも出てくる（が耐え続けること）」などです。三つめが、子どもに「前向きな気持ち」をもたせる上で必ず気付かせることが求められる「周りの人の支え」のありがたさです。「義肢装具士さんの支え」「義足の人たち」などです。三つの内容に分けて板書し、それぞれを把握させるため、小見出しを付けます。

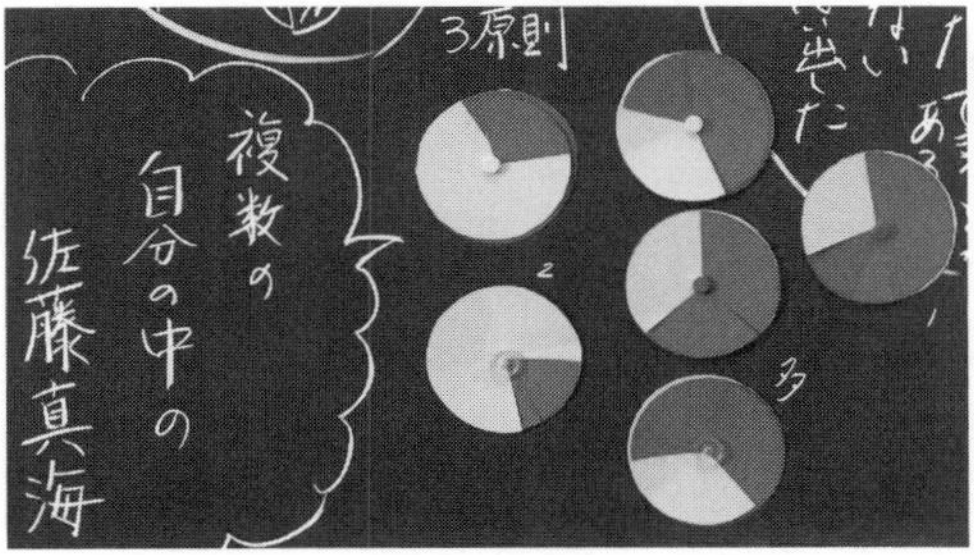

「自分が努力している事柄の中味は、三要素がどのような割合ですか」

展開後半は、子ども自身が限界のふたを外すために努力していること（勉強面や習い事、スポーツ等）を出し合います。そして、自分の中での三つの条件の割合を「三色心情円（意志：赤、努力：黄、支え：青）」で表します。

三色が均等になればいいというわけではありません。子どもによって、どの色の要素を大きくするのがいいのか、一人一人が自分事として考えることで「前向きな気持ち」を膨らませます。このように、「前向きな気持ち」を自分の中に見付け、理解しようとする思考が、「生きる喜び」につながる自己理解になります。

10 身体表現化

㉘動作化 ㉙役割演技 ㉚道徳的行為

思考の技法の最後は「身体表現化」です。思考を活性化し、道徳的価値の理解を進める上で、道徳的行為の体験的な学習を仕組むことが有効だとされています。三つの観点を置きました。

なお、これら三つの活動は、それそのものを目的として行うのではありません。これらを通して感じたこと、考えたことを踏まえて子ども自らが道徳的価値の理解などを図るために行います。

㉘**動作化**は、教材中の人物の心情や場面の状況などを思考するために用いる身体化です。主として教材の叙述に即して、人物の言動を模倣します。読めばわかることでも実際に自分が行うなら、新たな心情や考えが湧き上がることがあります。教材の同じ場面を一人一人が一斉に、あるいはペアやグループで行うなど、短い時間で実施できることもよさです。どう感じたかを後で話し合うと、教材中の当該場面に関係する道徳的価値の理解が深まります。

㉙**役割演技**は、教材に登場する人物などの言動を即興的に演技して考えることです。教材の続きを含めて、叙述されていない部分を自由に身体表現します。子どもが一斉に行うことも可能ですが、一般には、その人物たちになった子ども二、三名（組）が代表で前に出て、演技者となります。その他の子どもは観客であり、教師がその演技の監督と演技前後を含めた全体進行を行います。

実施に当たっては、主として二つの留意点があります。一つは、役割演技に入る前までの学習での発言などから、その子どもが関心をもち、寄り添っている人物の役に指名するほうがよいということです。もう一つは、いじめの場面などを取り上げ、いじめる側といじめられる側の役にさせて役割演技をさせるようなことは絶対に行わないということです。役割演技が、明確にフィクションであると互いにわかっているとしても、また、役割として演技しているとしても、実際に行うことで、子どもが大きく傷つくことが考えられるからです。

代表の子どもが演技した後、観客である子どもに感じたことや考えたことを発表するようにしたり、演者に、演技をしたからこそわかったこと、感じたことなどを出し合わせたりして、学習を深めます。お面や名札を付けたりすることもありますが、準備物は少なくてかまいません。

㉚**道徳的行為**は、授業の導入や前半部分で、子どもが日常行っている通常の道徳的行為を、教材の文脈とはあまり関係なく、その場で身体化するものとしています。例えば、いつも行っている「挨拶」や「友達に親切にする行動」などです。「おはよう、いただきます、ありがとう」などをその場で実際に言うことで、挨拶のよさや難しさなどを改めて感じ取り、学習課題や課題追求に生かすというものです。したがって、道徳的行為のスキルを身に付けたり、その向上を図ったりすることがねらいではありません。注意が必要です。

10 身体表現化

㉘ **動作化** ㉙ 役割演技 ㉚ 道徳的行為

動作化には、叙述に即して身体表現するものに加えて、教材中の事物を「実物体験」することや「疑似体験」することなどもあります。これは、前者の実践です。

中学年 C 伝統と文化の尊重、国や郷土を愛する態度 「ふろしき」

「私」は、家で友禅染のふろしきを見付けました。本を包むと一層大事な気がします。母は、ふろしきの実演会を始めました。重箱はもちろん、大きな瓶も包めます。丸いすいかさえ包め、二人で持てます。どんな形のものも包め、折りたためる上に、肩や膝に掛けられます。魔法の布のように感じたという教材です。

教材を語り聞かせた後、ふろしきを知っているか、使ったことがあるかどうかを尋ねます。ほとんどの子どもが使用経験はありませんでした。スカーフと混同している子どももいます。

その後、準備してきたふろしきを全体に見せ、全員に実物を回して、肌触りや感触を味わわせます。時間があれば、その際に二人一組で、筆箱、または教科書などをを包むようにします。

「その他のものを、実際に先生と一緒に包んでみましょう」

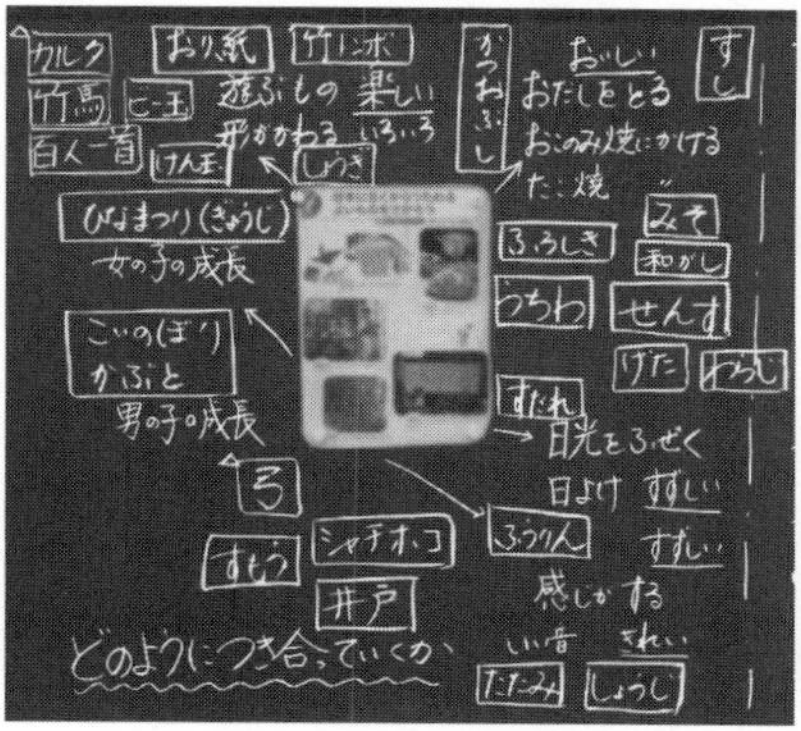

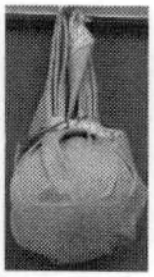

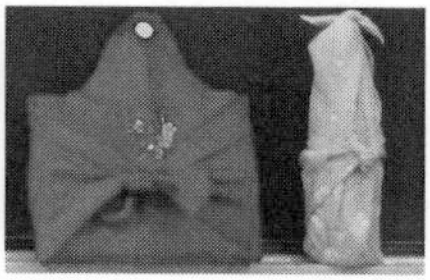

包み方が難しいため、全員というわけにはいきませんが、代表が実物体験として、母や「私」の行動を動作化します。瓶やボールを包んだときには、少し驚きの声が出ました。大切なのは、動作化した子どもやそれを見ていた友達の感想を出し合い、共有することです。いろいろなものが包めることや「風呂敷」という名前の由来などに興味をもち、昔の人の知恵や、伝統、文化を大切に引き継いでいるよさを理解し、親しみの気持ちがもてました。これらを「実感」できるのは、動作化の効果です。

「日本に昔から伝わる、生活を便利にするものや豊かにするものには、他に何がありますか」

ふろしきの実物やその体験に触発されたのか、思いのほかたくさん出されました。「ウェビングマップ」風に、似たものを枝葉のようにまとめながら板書し、その多さや広がりを理解します。

なお、参観日の授業で実施したこともあります。保護者の方々の知識や体験を生かして、グループごとに話をしてもらいました。

10 身体表現化

㉘動作化 **㉙役割演技** ㉚道徳的行為

役割演技は即興的な表現になるため、動作化よりも難しく感じる子どもが少なくありません。恥ずかしさもあります。受容的で支持的な学級経営や人間関係づくりが求められます。

中学年　A　正直、誠実　「まどガラスと魚」

ボールでガラスを割った進一郎は、謝らなくてはと思いつつも逃げます。翌日「ガラスをわったのはだれだ！」と張り紙があります。夕方近所の猫が進一郎の家から魚を取っていきました。近所のお姉さんが訪ねてきて謝って帰ります。翌朝正直に母に話し、謝りに行きます。家の人は、ガラス代を受け取らず、「来るのを楽しみに待っていた」と話す教材です。

「三つの場面の謝りたい気持ちを、ハートの大・中・小で選んで書きましょう」

役割演技で道徳的価値について考えるためには、ある程度の人物理解が必要です。特に、主人公の「謝らなければならないことはわかっているが、怖くてできない。どうしたらいいか」という葛藤に共感できることが求められます。そこで、思考ツールの「心情ハート」を使い、各場面での主人公の「謝ろうという気持ちの大きさ」を大・中・小三種類の大きさのハートでノートに表します。

心情ハート

窓ガラスを割った直後、張り紙を見たとき、女の人が謝りにきた後、の三場面です。ペアで、三つの場面での主人公の心の中を想像する活動を行います。このペアが役割演技につながります。心情ハートに加え、それらをまとめた「心情曲線」と情報交換で、主人公の心の迷い、痛みを感じ取れるようにしました。その後「役割演技」です。

「主人公が謝る場面を役割演技しましょう」

先ほど話し合ったペアで、一方が主人公、もう一方が家の人になり役割演技をします。教材にはこの場面の詳細は描かれていませんから、即興で行う以外にありません。自分なら何と言って謝るだろうかと予め考えさせることも可能ですが、相手（家の人）が言う内容がわからないのですから、当然その場の即興的なやり取りとなります。全員がペアで一度に行います。その後、教室の前に出て、二組が演技し、演者及び観客である子どもが感じたことを述べ合います。「正直に言うことは、実際にやってみるとドキドキした」「謝ることは相手にもよいことだが、自分も気持ちもすっきりした」など演技したことでより実感した内容が確かめられました。

最後に、思考の技法としての役割演技が定着するよう、活動のよさを具体的に振り返ります。

10 身体表現化

㉘動作化　㉙役割演技　**㉚道徳的行為**

身体表現は、何も教材中の人物になって行うものばかりとは限りません。自分の日常の行動や振る舞いを取り上げることも有効な思考の技法です。道徳的行為を授業で行うのは、教材文での学びに入る前後のはじめの方が効果的です。学習課題設定や追究意欲向上のためです。

高学年　B　礼儀　「たびに　でて」

「あいさつじま」のさるのけいたは挨拶を面倒に思い、挨拶のない島に行きます。島のさるに水飲み場を尋ねても指で「あっち」と言われるだけでした。そこで「あいさつじま」を思い出し、出会ったさるたちに挨拶をします。すると小さな声で返事が返ってきたので、次の日からもっと元気な声で挨拶をし続けると「あいさつのないしま」に元気な挨拶があふれたという教材です。

「日頃している挨拶を出し合って、実際にやってみましょう。どんな気持ちですか」

まず、導入で、挨拶の種類や場面を出し合います。たくさんの挨拶の言葉が出されます。そして、どれかを選んで実際に挨拶をします。ペアや三人組などでです。そして、挨拶をよくしているか、得意かなどを観点にして「4・3・2・1」で自己評価します。自己評価による数値を入れると、自

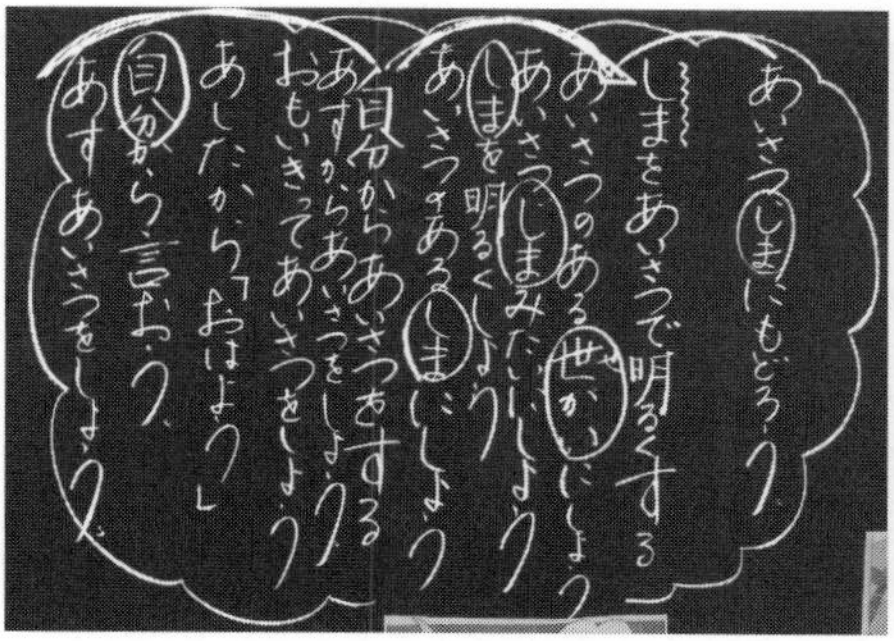

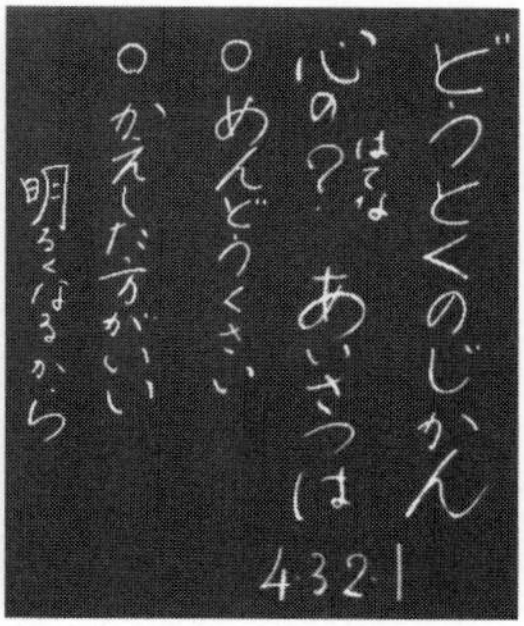

分の日頃の行為を客観的に見ることができるので、自分にわかりやすくなります。

そして、その自己評価の理由や挨拶をしたときの気持ちを考えます。教材中の人物と同じように、時々挨拶を「めんどうくさい」と言う子どももいます。また、挨拶は「して返すほうがいい」「明るくなるから」とも述べています。

このような意識を集めた上で、学習課題を提示します。

「気持ちのよい挨拶や言葉遣いなど、礼儀について考えを深めよう」

この後、教材の中での学習で、前項の役割演技を行います。導入での自分の日常の挨拶行為と教材の人物になってみての役割演技の相乗効果で、挨拶のよさが実感として理解できます。

なお、低学年の「礼儀」の内容項目で重要なのは、挨拶が「できる」ことよりも、人に「明るく接する」ことです。

また、挨拶ができるようになるスキル学習ではないことにも十分留意して指導します。

第Ⅲ章

思考の技法と道徳科授業

1 はしの上のおおかみ

主題名　あたたかい心で　しんせつに

ねらい　意地悪と親切を比べ価値実現の理由を考えることを通して、親切送りや自己の変容のよさに気付き、身近な人に温かい心で親切にしようとする道徳的態度を育む。

出典：『わたしたちの道徳　小学校一・二年』文部科学省

教材　Ⓐ山の一本橋の中央でうさぎと出会ったおおかみは、「もどれ」と怒鳴り、自分が渡ることを面白く感じて繰り返します。Ⓑある日、おおかみはくまに出会い自分が戻ろうとするも、くまがおおかみを抱き上げ後ろへそっと下ろします。おおかみはくまの後ろ姿を長く見つめます。Ⓒ次の日、出会ったうさぎが引き返す前に、おおかみはうさぎを抱いて後ろへ下ろし、「前よりずっといい気もち」になり「これにかぎるぞ」と気持ちを晴れ晴れとさせました。

1　探究する子どもの姿とそれを支える思考の技法・観点

【心情対比：②相違点】違いに着目して、意地悪と親切の場面での気持ちを比べる

最初Ⓐと最後Ⓒがよく似た場面で、中に助言者の場面Ⓑが配された典型的な三場面教材です。子どもは、Ⓐの意地悪の面白さを多少なりとも理解できます。しかし、Ⓒの「前よりずっといい気もち」という心情は、Ⓐほどには理解できません。

そこで、ⒶとⒸの人物の心情と行動の②**相違点**に着目し、「親切、思いやり」の道徳的価値の理解を深めます。具体的には、意地悪と親切の行為が他の人に与える影響を中心に、親切や思いやりのよさや効果について話し合います。主に二つの場面での人物の心情を比較する思考ですが、同時に、行為の比較も行うことになります。

【変容理解：㉗前向きな気持ち】前向きな気持ちを見付けて、変容を理解する

Ⓑの場面は、おおかみがくまに親切にされ、親切のよさを実感することで、自分もそんな親切ができる人になりたい、と気持ちや態度を変容させる重要な場面です。助言者は「自分がおおかみに親切にしよう」という意図があったわけではありません。ましてや「おおかみに親切にするよさや方法を教えよう」とは思ってはいません。おおかみは親切にされることで「親切な行為のもつよさ」を実感し、「自分も」と考えたわけです。

そこで、「くまの後ろすがたを見ながら、いつまでも」橋の上に立っていたおおかみの考えていることを想像することや、おおかみが親切な人になれた要因についても考えます。更に、人物の中に㉗**前向きな気持ち**を見付け、おおかみが親切にできるようになったことに気付かせます。助言者に助言の意図はありませんでしたが、それを自分への「助言」「投げかけ」と捉え、親切な行為ができる人物になろうとしたおおかみ自身の変容のよさは理解することが必要です。

【価値理解：⑨仮定】状況を仮定することで、親切な行為の多様なよさを考える

この教材の示す道徳的価値の中心は、「意地悪をするよりも親切にするほうがずっと気持ちいい」なので、まず、それを理解します。次に、副次的に、㋐親切にされるとうれしい（おおかみがくまに親切にされたときに感じたであろう心情）と、㋑親切返しではなく、親切送りもいい親切である（おおかみはくまではなく、うさぎに親切にした）、㋒自分さえその気持ちをもてば、親切ができる人にはいつでもなることができる（おおかみは自らそうなった）なども、この教材のもつ価値内容です。特に、㋑から、親切が次々と友達に広がったと⑨**仮定**したら、どんな学級になるだろうと想像することによって、多面的な価値理解が可能になります。

2　授業の展開

【導入】教材を聞き、疑問をもつ

「親切のいいところやひみつについて考えよう」という大枠の課題を提示したら、場面絵とキーセンテンスの書かれた短冊を添付しながら教材を読み聞かせます。時間短縮のため、通常よく行うであろう「自分が親切にした経験」などは問いません。

【展開前半】最初（意地悪）と最後（親切）の気持ちの違いについて話し合う

最初と最後が比較できる教材構造ですから、両方の心情の②**相違点**を問います。

「最初の場面の『えへん、えへん』と最後の『えへん、へん』の気持ちはどう違いますか」

「最初の『えへん、えへん』は、相手が怖がるのを面白がっている」「自分が相手よりも偉くなったような気持ち」「でも、意地悪をすると自分にも少し嫌な気持ちになる」などが出ます。最後の「えへん、へん」は、「相手が喜んでくれるので自分もいい気持ち」「親切にできる自分がうれしい気持ち」などと言います。

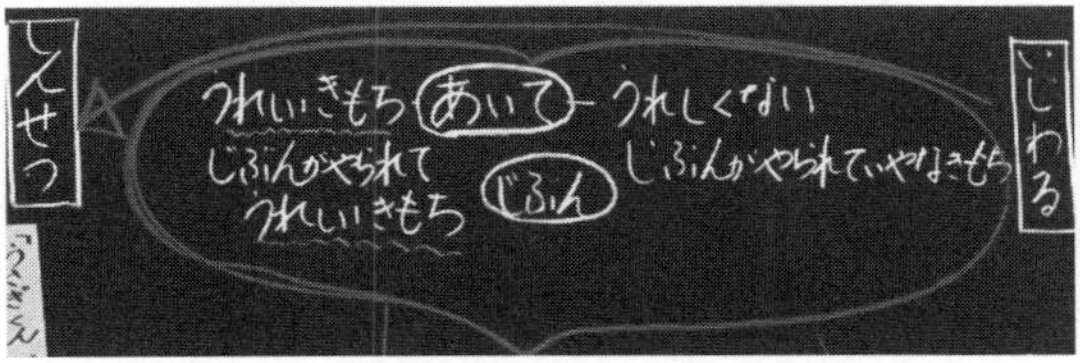

その後、視点人物を転換して、「意地悪や親切をされる相手（うさぎなど）の気持ちはどう違うでしょうか」と問います。子どもは、最初の場面は「うれしくない」が、最後の場面は「相手もうれしい気持ち」などと述べます。

意地悪と親切をした当事者の心情と、された側の心情をそれぞれ対比して明確にし、親切のよさを理解できるようにします。親切にすることで、相手だけではなく、自分もよい気持ちになるということを入学前から知っている子どもは、理解を確かにする学びになります。

【展開後半】親切送りをしたよさと人物変容の要因を話し合う

後半では、この教材ならではの「親切観の多様さ」について理解を深めます。

「なぜ、おおかみは、親切にしてくれたくまではなく、うさぎに親切にしたのでしょうか」

このように問えば、必ず「くまは重くて抱えられないから」と「うさぎに意地悪をしたから」の二つが出ます。「親切にしてくれた相手に親切にして返すのが親切なのではないのか」と問い返すと、「それもあってよいが、誰に対しても、特に意地悪をした相手には、親切にするほうがいい」と子どもは言います。

教師は、「親切送りを継続するとよりよい仲間になれる」という理解をねらっているので、続けて「では、誰に親切にしてもよいのなら、うさぎは、誰に親切にするだろうか」と⑨**仮定**の投げかけをします。教材の続きを考えるような問いです。すると、「りす」「ねずみ」などが口々に出されるので、「では、りすは誰に」「ねずみは誰に」などと親切送りのつながりを意識させ、仮定したつながりを板書します。最後には、「ありさん」などとつぶやく子どもが出てきます。ある程度の時間を置いてつぶやきが収まったタイミングで、「そんな親切がどんどん送られ続ける仲間はどんな仲間になるでしょうか」と問い返して、「仲よしな仲間」「楽しい仲間」など、親切が連続することのよさを感じ取らせます。

引き続き、更に問い返します。

「そんな親切ができるおおかみに変身させたのは、いったい誰ですか」

ほぼすべての子どもが「くまさん」と答えます。他の学級でも同じです。そこで、問い返しとして、「くまは、おおかみに対して、『このように親切にしなさい』と教えたわけではないよね」と、助言者の自然な（無自覚な）親切に触れます。また、くまの後ろ姿をいつまでも見ていたおおかみの場面を思い出させるなどすると、「くまさんをまねしようとしたおおかみさん自身が自分を親切な人に変えたんだ」と言う子どもが出てきます。

それをしっかり価値付け、人物の㉗**前向きな気持ち**を強調することで、「親切な人には、いつでも、今からでもなれるんだね」と親切観を広げます。

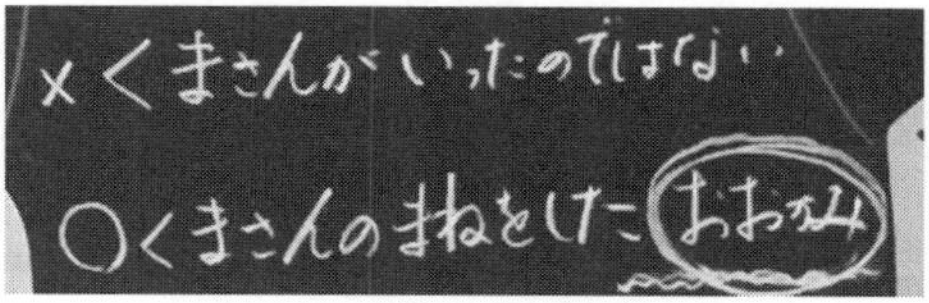

導入の課題提示に対応して、「親切のもつ力、秘密を見付けられたね。すばらしいね」と、展開後半を括ります。

【終末】学んだことをもとに、親切のよいところをまとめ、学びを振り返る

「今日わかったことは」「親切のよいところは」など書き始めの言葉を示し、学んだ内容をプリントに書かせます。黒板を見ながら印象に残った事柄を書く子どももいます。「親切のいいところは、他の人に親切にすると『みんなが笑う』」という記述もありました。教師は、「自分のした親切では」として自分の中の前向きな気持ちを見付けて書いてもよいと促します。

最後は、評価の二つの視点に応じた自分の「学び方の振り返り」をします。一つは、「いろいろなことを考えることができたか」、もう一つは、「自分と比べながら考えたか」です。四つの大きさの違うハートの中からそれぞれ一つを選んで、◯

を付けます。短時間でできます。

3　更に探究的な授業にするために

探究の仕方を学ばせて活用できるようにする

道徳科の読み物教材では、「よく似た場面」や「よく似た行動」が繰り返される構造が少なくありません。そのため、よく似たところを比べる（**①共通点、②相違点**を明確にするなど）と学習が進む、深まることを教師は学んでいて、授業づくりに活用しています。その思考を子どもにも伝え広げて、「学び方を学ばせる」ことが効果的です。「どのように学ぶかを自分で決定できるようになる」ことは、探究的な学びの基本だからです。

そこで、「学習課題」解決を目指して、「よく似た場面やよく似た行動を比べると解決できるかもしれない」「以前の◯◯の授業では比べた」ということを理解させて活用させます。終末に学び方を振り返ることは、それ以降の道徳科の授業にその学び方を生かそうとする意欲と態度を高めることにもつながります。

学年が上がれば、本書で示している「一〇の思考の技法」「三〇の思考の技法の観点」をある程度意図的に学んでいけるようにします。その初歩として、低学年では、「比較（共通点、相違点、順序づけ）」の有効性を学ばせます。その具体的な方法の一つとして、終末の学習活動で本時での比べ方や結果を振り返りながら、そのよさを理解させるのが効果的です。

道徳的価値のよさの一般化、汎用性に関心を高められるようにする

展開後半で、学習課題の「親切のもつ力、ひみつ見つけ」として「親切観の多様さ」である「親切送りがあふれる仲間はよりよい仲間になる」「自分さえその気持ちをもてば、親切な人には、いつでもなれる」（前者はCの視点、後者はAの視点とも言えます）を道徳的価値の内容として学ばせました。本教材の主たる内容である「親切にすることで、相手だけではなく、自分もよい気持ちになる」（これは、本時の内容項目であるBの視点）の理解を広げ支えるためです。

しかし、この「親切」を、例えば「正直」とか「規則の尊重」とか、概ねどんな道徳的価値と入れ替えてもこのことは成立します。授業で学習課題にした「○○のもつ力、ひみつ」は、道徳的価値が変わっても成り立つことを、ときに教師から説明したり、子どもに気付かせたりすることも、探究的な授業につながります。道徳的諸価値は一体的なもので、その全体をあるときは「親切、思いやり」の観点から、またあるときは「礼儀」「友情」などの観点から学んでいるに過ぎないからです。低学年には少し難しいことかもしれませんが、この気付きが、子どもの道徳的な見方・考え方を豊かにしていきます。

2　るっぺ　どうしたの

主題名　わがままをしないで、きそく正しい生活を

ねらい　人物に助言する内容を話し合うことを通して、わがままをしてはならない理由を理解し、安全に気を付け、物を大切にし、身の回りを整え、わがままをしないで、規則正しい生活をしようとする道徳的判断力と態度を養う。

出典：『わたしたちの道徳　小学校一・二年』文部科学省

教材　るっぺは、Ⓐ朝、目覚まし時計でも母親の声でも起きられません。Ⓑ登校時、靴のかかとを踏んでいることを注意され直そうと下を向くと、Ⓒランドセルからいろいろなものが飛び出しました。Ⓓ何が気に入らないのか、学校の砂場で友達に砂を投げます。みんなから注意されても聞きません。すると、ぱんこさんが目を押さえてしゃがみこんでしまいました。

1　探究する子どもの姿とそれを支える思考の技法・観点

【場面選択：⑯問題点】一番問題を感じる場面を基準にして、場面選択をする

四つの場面すべてを順々に、その問題点や理由について学習することも可能です。しかし、子どもによって場面ごとの関心の大きさに違いがあること、すべてを順に扱うことによる時間的な不足、

よく似た学習活動が繰り返されることによる飽きなどを考えて、場面選択によって主体的な学習活動を促すことにしました。

そのため、思考の技法、⑯**問題点**を際立たせ、一人一人の子どもがそれぞれ一番考えたい場面を一つ選択します。選択する活動の前までの取組を丁寧に行うことで、低学年でも「複線型の学習活動」が可能です。なお、教材は、Ⓐ〜Ⓓを合わせて、内容項目の「健康や安全に留意」「物や金銭の大切さ」「身の回りの整頓」「わがままをしない」「規則正しい生活」を具体化しています。

【助言活動：⑤善悪・当為】不十分な行動の理由と、どうすべきかを考えて助言する

何がどう不十分で、どうすべきなのかを人物に話して聞かせる助言活動を行います。低学年が比較的好む活動です。しかし、はじめから一人一人が別々の場面を選択して助言しようとすると、どのように考え、取り組めばいいのかわからない子どもが出てきます。そこで、朝寝坊をするⒶの場面を取り上げて、全員で「よくない理由」と「そうならば、どうしたらいいか」の助言内容を話し合うことにします。典型例の学習です。

このことで、Ⓑ、Ⓒ、Ⓓの場面を自分の関心で一つ選択することへの抵抗が少なくなり、活動への意欲と見通しが高まります。そして、その活動の中で、⑤**善悪・当為**を意識してるっぺに助言する内容を明確にさせます。自然に自分と比べながら「よりよい方法、行動」をるっぺに示唆することになります。

その後の学級全体での話合い活動では、四つの場面に見られるそれぞれのわがままがよくない理由（困る内容、迷惑をかける対象）を三つに分類して理解できるようにしました。みんなで学んだ内容を全体で明確にすることは協働的な学びであり、探究する道徳科授業においても重要です。

【内容の自己評価：㉕自分のよさ】学習内容を観点にして、自分のよさを見付け評価する

人物から学んだ道徳的価値の大切さを鏡（視点）にして、内容面から㉕自分のよさを見付ける自己評価を行います。

「自分がなかなかよくやっているなあと感じている事柄はどんなことですか。人物と比べて書きましょう」などと問い、各自が自分を振り返ります。「自分が教材の人物なら、自分はどうするかを書いてもいいですね」と促すのもよいです。

低学年ですから、客観的に判断できているかどうかわからないところもあります。しかし、だからこそ、自分ができている（と考えている）ことを中心に、積極的に自分のよさを捉えさせます。そして、それを教師が認め、励ます姿勢で授業を終えることがよいと考えます。

2　授業の展開

【導入】めあてと教材を聞き、人物の行動に問題がある場面をつぶやく

問題を感じ取り、課題把握をします。めあて「わがままについて考えよう」を教師から提示した後、丁寧に教材を読み聞かせます。

子どもは、就学前から、わがまま（節度、節制）のおよその内容について知っています。したがって、場面絵と語り聞かせによって、人物の行動の⑯**問題点**に気付くことができます。低学年の特徴として、思わずつぶやきますから、それを取り上げ発表させるなどして他の子どもに広げ、わがまま全体に対する関心と学習意欲を高めます。

教師は、「問題があるところによく気付きましたね」と教材から課題を把握する姿を称揚します。もっとそこを強調するなら、問題のある行動を見付けた子ども全員に手を挙げさせたり、ペアで問題点についての意見交換をさせたりすることも有効です。そして、教師は「どうしてよくないのかな」や「どうしたらいいんだろうね」と次の活動につながるような受け答えをします。

【展開前半】Ⓐの場面のよくない理由とどうすればいいのかを例示し合う

導入でのつぶやきを発展させるような形で、「Ⓐの場面のるっぺは、なぜよくないのだろうか。そして、どうしたらいいのだろうか」と⑤**善悪・当為**を踏まえた発問をします。Ⓐの場面に問題を感じている子どもに「どうしてⒶの場面に手を挙げたの」と問うことで、教師が発問する代替にすることもできます。

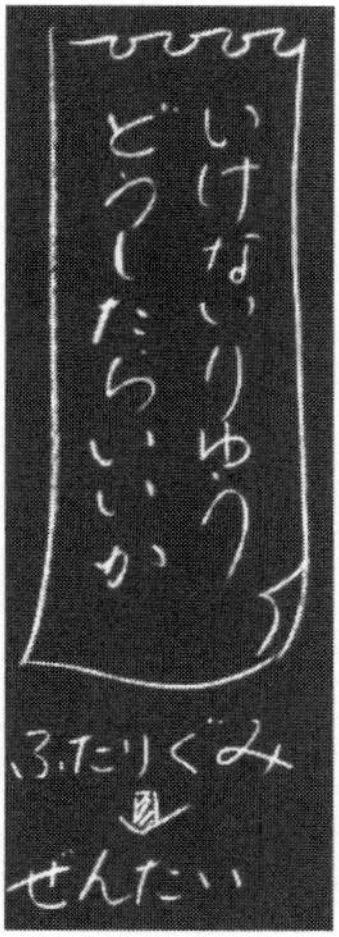

実際どの程度、子ども自身が子ども自身の力で学びを進めている感覚をもてるかは、探究的な学びには重要です。学年相応の「問い」のもたせ方や「問い」を全体に広げる方法を今後も実践的に研究することが必要でしょう。

板書で二点を明示した後、ペアで話をさせ、発表させます。この授業の場合、一点目の「よくない理由」の反応として「自分で起きることができない」「お母さんの言うことを聞かない」「学校に遅れる、遅刻する」などが出されます。二点目の「対応策」については、「早寝する」「夜、遊ばない」などが出ました。教材文には、人物が毎日遅くまで起きているなどの記述はありません。子どもの生活経験が出たものだと考えられます。

また、そもそもよくないのは、「お母さんの言うことを聞かない」ことではなく、「自分で起きることができないこと」「基本的な生活習慣」を自ら身に付けていないことです。また、二点目についても、一人一人の子どもがいけない理由をどのように捉えているのかによって対応策（どうしたらいいか）も変わってくることが興味深いです。

【展開後半】Ⓑ、Ⓒ、Ⓓの場面から一つを選び、よくない理由と、どうすればいいのかを人物に助言する活動を行い、わがままについて話し合う

Ⓐの場面での学びのよさを認めた後、「三つの場面から一つを選んで、るっぺによくない理由と、どうしたらいいのかを教えてあげよう」と発問します。「どの場面のるっぺに教えるか決めたら、そ

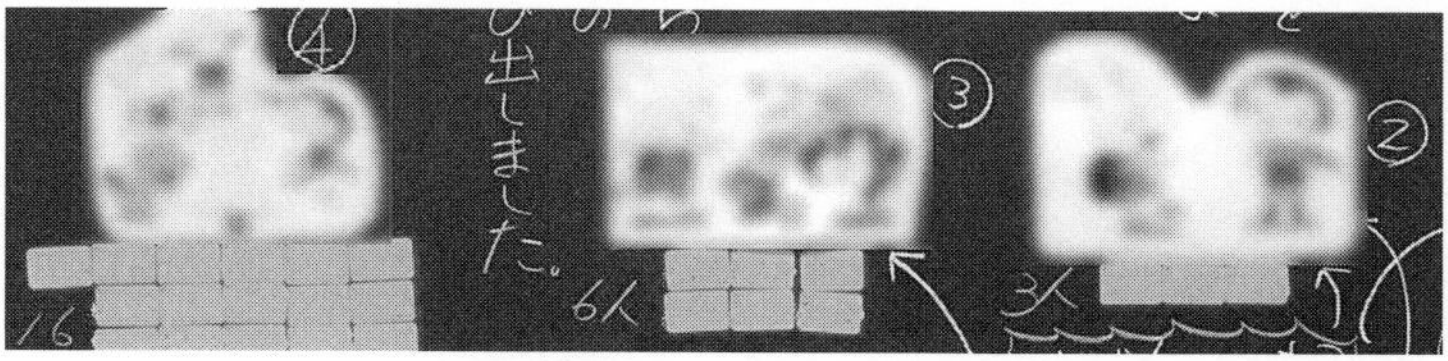

の場面絵の下に自分のネームカードを貼ります。その後、プリントに教えることを書きましょう」と指示します。

どの場面も、内容項目の内容に対応した事柄が描かれているため、扱わない場面をつくることは適切とは言えません。しかし、順々に学んでいくと、マンネリ気味になることも懸念されます。そこで、「自分が一番るっぺに教えてあげられる場面」という視点から、場面選択をさせることで、学習への意欲化を図ります。

板書のとおり、最後のⒹ（④）の場面に多くのネームカードが添付されました。思いやりがなく、安全が守られないという不適切さが際立っている場面だからでしょう。

一方、Ⓑ、Ⓒの場面で描かれたくつを正しく履く、ランドセル内を整頓してカバーをきちんと閉める、という身の回りを整える視点が少なくなりました。

それぞれのよくない理由と、どうすればいいのかという当為の事柄を道徳プリントに書いた後、端的に発表する活動を行いました。

その後、四つの場面の「よくない理由」を話し合いました。それは、同時に「わがまま（自分勝手）」のよくない理由でもあります。そこで、「わがままをす

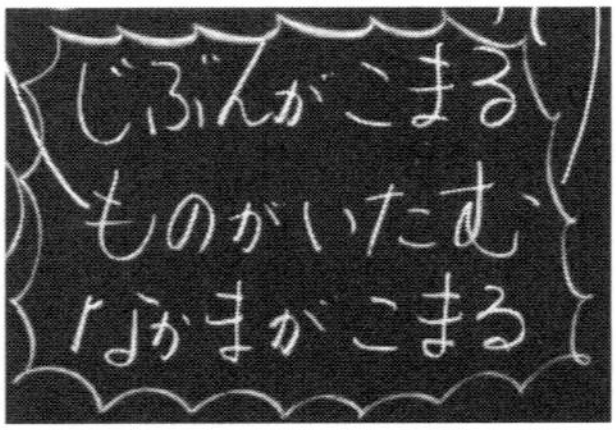

ると、誰が、または、何が困るのでしょうか。四つの場面を見比べて考えましょう」と問います。まず、隣同士のペアで話し合います。ペアやグループの活動は、一度に長い時間実施するよりも、短時間であっても回数を増やすほうが学習効果が高まります。低学年の場合、「話し足りない」と感じるくらいが、全体での話合いを活性化できるかもしれません。この話合いでは、「自分が困る」「物が困る（傷む）」「仲間が困る」の三つになりました。これは、同じ内容項目の「かぼちゃのつる」と異なったまとめとなりました。最後に「わがままをせず、楽しく気持ちいい生活を送る」よさを共通理解しました。

【終末】学んだことをもとに、自分のよいところをプリントに書く

大切な終末の方法です。ここでは学習内容（わがままの三つの「困ること」）を踏まえて、**㉕自分のよさ**を見付けて書きます。その上で、自分のよいところ（よくなりつつあるところ）を見付けること自体が、楽しく気持ちいい生活を実現させることを話して聞かせます。

3　更に探究的な授業にするために

展開の主たる活動である「助言活動」を役割演技で行えるようにする

ここでは、低学年が好きな「助言活動」を取り入れ、場面選択をさせることで探究的な授業にしました。更に探究的にするとすれば、「助言内容」をプリントに書かせるのではなく、人物と自分（たち）という㉙**役割演技**で、実際の助言活動を行うことも可能です。ならば、人物からの言い訳なども含まれるであろう「即座の返答」も踏まえて、まさに現実的な助言活動となったでしょう。なお、人物が責められるようなことが予想される活動となるので、教師がるっぺの役を担うことが必要です。そうすれば、楽しく学びがいのある学習となるはずです。

終末では、内容だけではなく、学び方についての振り返りもできるようにする

学び方の振り返りが探究的な道徳科授業には必要です。今回は、低学年でありながら「問題点を見付けての場面選択」で⑤**善悪・当為**の指摘をする学習活動でした。そして、各場面のわがままな行動から学習内容を引き出し、自己理解を深めるという展開でした。低学年ですので、思考の技法の観点（⑯**問題点**、⑤**善悪・当為**）を教師がわかりやすくまとめて、板書を示しながら実際にどう学んだかを伝え直すとともに、「どの部分の学習がよかったか（わかりやすかったか、楽しかったか）」などと問うことで、学び方のよさの理解や他の道徳科授業への適用を促すことが大切です。

3　心と心のあく手

主題名　相手のことを思いやり、進んで親切に

ねらい　声をかける行動と見守る行動を比べ、自分ならどうかと考えることを通して、相手のことを思いやり、自分で考え進んで親切にしようとする道徳的判断力を育む。

出典：『わたしたちの道徳　小学校三・四年』文部科学省

教材　Ⓐ急いでいた「ぼく」は、荷物を持つ見知らぬおばあさんに出会います。迷った末、「荷物、持ちます」と声をかけるも笑顔で断られました。Ⓑ家で母から褒められ、おばあさんが歩く練習をしていると教えられます。Ⓒ暑い日に再び出会い、一生懸命坂を上る様子を見て声をかけるか迷うも、結局そっと後ろをついて行きます。Ⓓ玄関口で娘さんが「だいぶ歩けるようになった」と喜びます。「ぼく」は本当の親切とは何か少しわかった気がしました。

1　探究する子どもの姿とそれを支える思考の技法・観点

【行動対比：⑫関係】親切を観点にいくつかの行動の関係を比べて捉える

Ⓐの場面とⒸの場面が対比的です。そこで、それぞれの行動に「声をかける親切」「見守る親切」と名前を付けさせ、双方とも相手のことを考えている点で共通していることを確認します。その上

で、「どちらのほうがより親切な行動か」と考えます。親切な行為は、その場の状況によって様々ですから、その判断は個々人で異なってかまいません。しかし、改めて、「どちらが」と問われると、自分なりの基準や理由が必要になるため、それがその子どもの親切観を揺さぶり深めさせます。

また、Ⓓの場面にある「待つ行為」（本当は心配で、一緒に歩きたいに違いない）、「励まして共に喜ぶ行為」（娘さんが自分のことのようにうれしがっている気持ちが温かい）も親切な行為になることを理解します。それらを通して、Ⓐ、Ⓒ、Ⓓの違いや特徴を親切な心情や行為として、それぞれを⑫**関係付け**て捉えることで、一層親切観が広がります。

【自分事化：⑥好悪・得意】好きか嫌いか、得意かどうか考え、自分のこととして捉える

道徳科授業では、導入から終末まで、「自分事として学ぶ」ことが重要です。そのため、教師が意図的に「自分事化」できるような発問や言葉がけなどをする必要があります。

ここでは、まず、行動対比の場面で、「ぼく」がその行動を取った理由を想像させ、人物に自分を関わらせるようにします。Ⓐでは、おばあさんのつらさを自分のことのように感じ「ぼく」は「思わず」声をかけます。Ⓒでは、「自分は何ができるかしばらく考えて後ろをついて歩く」ことを選択しました。どちらの行為の理由も子どもにはよく理解できます。

それらを踏まえて、⑥**好悪・得意**の観点から「あなたはどちらが好きか、得意か」などと尋ねることで、より一層、自分事化、日常化して考えられるようにします。

親切な行為を行うための判断力育成をねらいとする授業ですが、自分事化を進めることで、同時に、道徳的実践意欲や態度も高めることができます。

【学び方の自己評価：㉕自分のよさ】学び方を観点にして自分のよさを見付け評価する

本書は、思考の技法を子どもが身に付けるように指導することで、子どもによる探究的な道徳科授業を実現しようとするものです。今回の学習指導要領では、道徳科で「子どもの学びを評価する視点」として二つ示されています。「子どもが一面的な見方から多面的・多角的な見方へと発展させているか」と「道徳的価値の理解を自分自身との関わりの中で深めているか」です。その二視点から学び方としての㉕**自分のよさ**を振り返ることが重要です。この二視点は、「一〇の思考の技法」「三〇の思考の技法の観点」と関連が深いです。

2　授業の展開

【導入】教材を聞き、学習課題と評価の視点を理解する

学習課題である「親切について考えよう」を提示したら、教材名を示します。最初に「二つの行動で考えます」と学び方を伝え、二つの場面絵を黒板の左右に分けて貼付します。また、最後に行う学び方の評価の二視点「多面的・多角的に考えられたか」「自分ならどうするか、自分の経験ではどうだったなどと比べながら考えられたか」を導入時に示し、意識して学べるようにします。現行の学習指導要領になってから、このように進めることが多くなりました。

【展開前半】声をかける行動と見守る行動の違いについて話し合う

「はしの上のおおかみ」がプラスとマイナスの二場面なのに対して、これは、プラスとプラスの親切が対比して描かれています。教材を読み聞かせた後、「似た場面は比較するのがよい学び方だよね」と言って、双方の行動に名前を付け、それぞれの「ぼく」の気持ちや行動の動機を発表させます。

その後、テンポよく、「どちらがより親切な行動ですか」と選ぶように促します。どちらもよい親切なのですから一方には決まるはずがありませんが、決めようとすることで、それぞれのよさを改めて考え、自覚できるようになります。

更に、「あなたはどちらが得意ですか、難しいですか」と**⑥好悪・得意**を尋ね、自分の経験を絡ませて、自分事化、日常化します。「声をかけるほうが勇気がいる」「なかなか声はかけられない」とか「見守るほうが逆に難しいのではないか」などの意見が出ます。それらの話合いで、それぞれによいところがあり、相手の気持ちや状況に合わせることが大切だということに気付いていきます。時間があれば、声をかける場面を隣の人と動作化してみるのも効果的です。

【展開後半】本当の親切とはどのようなことかを話し合う

展開後半は、教材文にある「本当の親切とは何か」を考えます。発問の種類で言えば、「価値の再

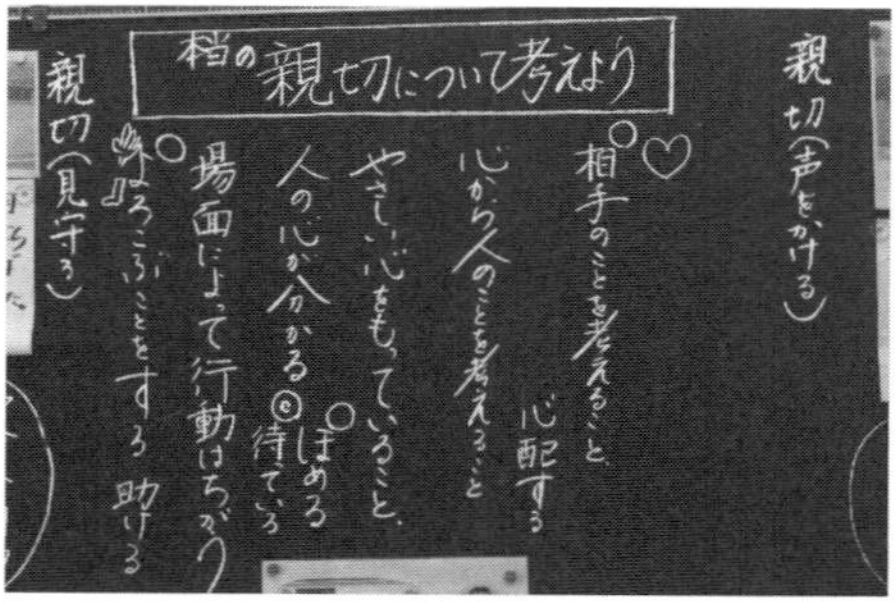

定義、再解釈の発問」です。抽象的な思考が必要ですが、二場面での「相手の事情、状況、視点人物の行動、動機」などの共通点や相違点などを足場に、自分なりにわかったこと（納得解に近い認識）を見付けることになります。「本当の○○」を扱う場合は、「本当ではない○○」へ思考が流れすぎないように、あくまでも「自分にとって本当の○○」とか「自分なりの○○」などと補説することが望ましいです。道徳的価値を多面的・多角的に考えた結果、「自分なりの、今、この状況での暫定的な解釈」ということです。

プリントに書いた後、話し合いますが、まずは「やさしい心をもっている」という低学年の「温かい心」につながる解釈を意図的に出させます。その後、相手のことを考えたり心配したりする「心、内面に関する事柄」と、相手の喜ぶことをしたり助けたりする「行動、外面に関する事柄」とを教師が左右に書き分けながら発表させます。

途中から、発表者に対して「どちらに書きましょうか」と問うていくと、教師が、概ね右に「心情」、左に「行動」を書き分けていることを意識し始めます。その後、右と左に小見出しを付けさせます。「どうやら、本当の親切を考える際には、内面と外面があるようだ」と解釈を深めさせます。

このような話し合い方は汎用性があり、子どもが自分たちの力で学習を進めていっているような感覚をもたせやすいです。

ここで、おばあさんを待っていた娘さんの場面絵を貼付して、「娘さんは親切ではないですよね」「ただ待っていただけだからね」と問い返しを入れます。

この授業の山場はここからです。「内面と外面」の二つの捉え方、関係を更に広げる学びです。ここまでで、子どもたちは、相手の心情や場の状況に応じた親切にはいくつかの種類がある、特に、「見守ることも親切」である、を学んでいます。なので、「待つこと」「喜ぶこと（ほめること）」も親切な行動のうちの一つだと判断し、一人一人の中でそれらの⑫**関係**が理解できます。板書では、「ほめる」と「待っている」は左の「行動」のほうに近づけて書いています。

【終末】学んだことをもとに、親切についての考えを書き、学び方を振り返る

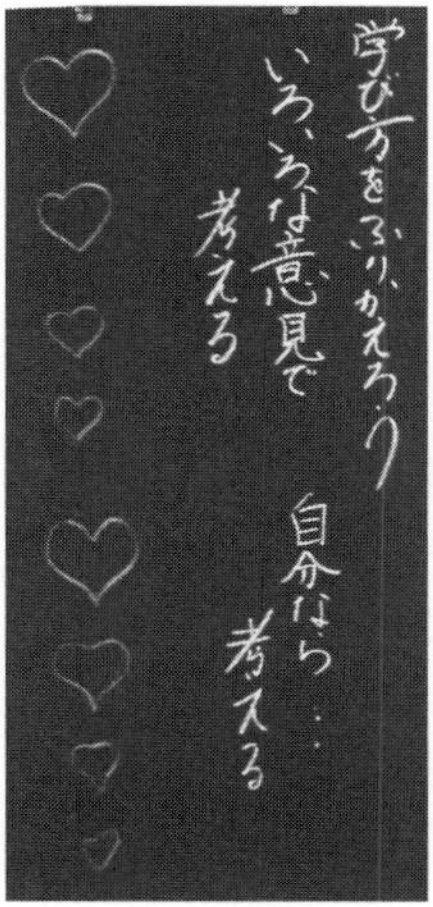

板書には、「本当の親切」がいろいろ書かれているので、その中から自分なりの親切観をまとめてノートに書きます。そして、最初に示した今日の授業の学び方に関するハートを選択して、㉕**自分のよさ**の評価を行います。「はしの上のおおかみ」の振り返りとよく似ています。

3　更に探究的な授業にするために

探究の仕方を活用できるようにする

探究的な学びの特徴の一つは、子どもが道徳科の目標を理解して学びを進められることです。「道徳的価値の理解」「自己を見つめること」「物事を多面的・多角的に考えること」「自己の生き方を考えること」を通して、道徳的判断力、心情、実践意欲と態度を身に付けるということの理解です。その筆頭である「道徳的価値の理解」は、それを含んだ「内容項目」を理解できることです。内容項目の多くは、「心情と行動」「理解と行動」のように、人間の内側（心情、理解）と外側（行動）とで整理されています。

この関係、構造を踏まえて、中学年からは、道徳的価値理解の方法の一つとして、人間の内側と外側で整理する学び方が効果的であることを理解させます。今回の授業では、教師が意図的に双方に分けて板書する様子を見せながら、「心情面」と「行動面」に「分けて比べる」ようにしています。探究性を更に発展させるためにも、導入時に、子ども自らが人間の両面を意識すると人物理解や学習課題解決ができるのではないかという「学習の見通し」や「学びの視点」をもてるようにします。低学年の「場面比較という学び方」に付加して、中学年からは、「内外二面からの㉒**人物理解**」を方略に加えます。

事前、事後学習を配し、行動や心情を実生活で確かめられるようにする

どんな内容項目であったとしても、その実現は、子ども自身の具体的な生活、日常の中です。授業で理解し、今後も考えていきたいと心に留めたとしたら、その理解や思いをそのままにせず、授業後の生活で確かめられるようにすることは、道徳科を生きて働くものとする上で欠かせません。今回の授業では、相手の状況に応じて、実際の行為が異なる（外形上、静と動で反対のように見える）ため、そのことに関心をもって生活させたいものです。

しかし、学級活動のように「記録用紙」などをつくって、「できたらシールを貼る」などということはしてはなりません。道徳科の場合は、「そのような親切をしたり、受けたりしたことがあったら、日記や道徳ノートに書く」とか、身近な人に話す（例えば、家族や担任など）という振り返り方を勧めます。日常生活の中で「親切な行動や気持ちについて多様に探究する」というイメージです。それを子ども自らが進んで行えるなら、より探究的な実生活になります。

なお、授業をする前日に教材を読んでくるとか、その感想を家族と交流するなども、授業における探究度、意欲を高める上で効果的です。その際、今回のような「本当の親切とは何か」について道徳ノートにまとめさせておくこともよいでしょう。そして、授業の終末に、それに赤鉛筆などで付け加えをさせるなら、学びの深まり（再解釈等）が視覚的にも確認できます。

4　あめ玉

主題名　みんなのものを大切に
ねらい　人物の気持ちがすがすがしくなった理由を話し合うことを通して、公共の場所での行動について考え、きまりや公徳のよさを理解し、それらを守る態度を育む。

出典：（掲載されている教科書　小学校三年、または四年）

教材　Ⓐ「わたし」は、駅構内でガムを踏んで不愉快になっていました。電車でいすにきちんと座る姉妹の様子に気付きます。妹がねだるので、姉があめ玉の筒を渡したところ電車が揺れ、いすや床に多くこぼれました。Ⓑ姉は、慌てて全部拾い、ちり紙に包み、駅に着くとくずかごの中に捨てました。Ⓒその姿を見て、「わたし」は「すてきな心のおくり物をもらったような気がした」と、先ほどまでの不愉快な気持ちが消え、すがすがしい気分になりました。

1　探究する子どもの姿とそれを支える思考の技法・観点

【心情把握：⑭原因】原因に着目して、「わたし」の気持ちの変化を捉える

Ⓐでは不愉快だった気持ちが、Ⓒではすがすがしい気分に変化しています。不愉快になった理由はわかりやすいですが、後者は、いろいろ考えられそうです。しかも、それがこの授業のねらい（主

題、内容項目）に関係していますので、その理由を考えることが必要です。そこで、思考の観点⑭**原因**（ここでは、概ね「理由」と同意と捉えます）によりそれらを考えます。

また、「すがすがしい気分」という表現が、教材の最後の行に書かれているため、その原因（理由）をそれまでの状況からいろいろ予想することができます。様々な考えが出て、多面的・多角的になるので、学びがいのある探究的な子どもの姿を見ることができます。

【考えの明確化：③順序付け】原因（理由）に順序を付け、出た考えを自分なりに捉える

多くの原因が出された後、どれがふさわしいのかを考える場合、自分なりに③**順序付け**をして考えることが効果的な場合があります。全部の順番を付けることが必要ない場合もありますので、この授業では、一番と二番を選び、自分の考えを明確にしました。

なお、この教材は、規則（ルール）ではなく、公徳（マナー）について扱っているため、子どもには、少し難しい内容です。「あめを拾う」以外にも「いすにきちんと座る」「電車の中でものを食べない」「ちり紙に包んで捨てる」「くずかごに捨てる」なども公徳として学べるような教材になっています。

【印象的な言葉の解釈：⑩例示】いろいろな例を考えて「すてきな心のおくり物」を捉える

一般的に教材には、比喩（直喩や隠喩など）的な表現や擬人化した表現など、「印象的な（象徴的な）言葉」が使われていることがあります。この教材にある「すてきな心のおくり物」は「心の」だけに、実際に目には見えません。しかし、「おくり物」ですから、「あげたり、もらったりする物」「うれしい、よい物」に例えて表現されています。

国語科ではないので、叙述に即して正確に解釈する必要はないのかもしれませんが、「すがすがしい気分」と相まって、「公徳心」や「公共の場での振る舞い（マナー）」に関わる言葉、事柄だと捉える必要があります。そのため、みんなで考えたい内容です。

そこで、展開後半で、自分が考える「すてきな心のおくり物」とは何なのか、それまでの学習を踏まえて考え、互いに⑩**例示**し合い、多様な理解を図ります。本来は、「わたし」が感じた「すてきな心のおくり物」なのですが、授業の後半部分になっていますから、子どもの中では、すでに「子ども自身が、姉からもらったおくり物」になっている場合もあるでしょう。

2　授業の展開

【導入】　教材を聞き、内容を理解する

子ども自身が日常生活で公徳を守っているかどうかは、終末に想起します。そこで、導入では、みんなが使う場所、使う物について出し合い、公共の場所、公共の物についての理解を図ります。その後、教材の読み聞かせです。「わたし」の気持ちを変化させたのは姉妹の行動ですが、「わたし」と姉妹には直接関わりがないのが特徴の教材です。

「わたし」の気持ちが前後で大きく変わった点を板書でも強調し、「どうして、不愉快な気持ちが消えたのだろうか」「すがすがしい気持ちになってよかった」『すてきな心のおくり物』ってどんなものだろう」などの子どもの感想を引き出して、次の活動につなげるように配慮します。

感想を引き出すやり取りは、これ以降の発問などが、これら子どもの感想や発言とつながっていると感じ取らせることになるので、探究的な授業、主体的な学習では、特に大切です。

【展開前半】「なぜ、すがすがしい気分になったのか」を話し合う

子どもの感想につなげて、「わたし」の心情変化の⑭原因を探ります。この授業での子どもの発言は、「人に迷惑をかけていない」「チューインガムを捨てた人がいるのに女の子は一生懸命（あめを）拾った」「偉い」「女の子は妹を叱らなかった」「ちり紙にくるんで捨てた」「（くるまないと）ねちょねちょ（になる）」「妹と仲よく手をつないで行った」などが出ました。

発表をまとめ、ナンバリングした上で、「どれが自分と同じ意見ですか」や「この考えはわかるなというのは何番と何番ですか」などと問い返します。共感的な理解の促しです。「共感」は、今回まとめた思考の技法には入れませんでした。納得ほど強くはなく、「わかるよ、その気持ち」という類の感じ方だからです。道徳科では大切にしていますが、各教科の学びでも、また、日常生活でも多用するもので、他者理解や人間関係づくりのベースになる感情です。

なお、「女の子は妹を叱らなかった」「妹と仲よく手をつないで行った」は、公徳心や公共の場の

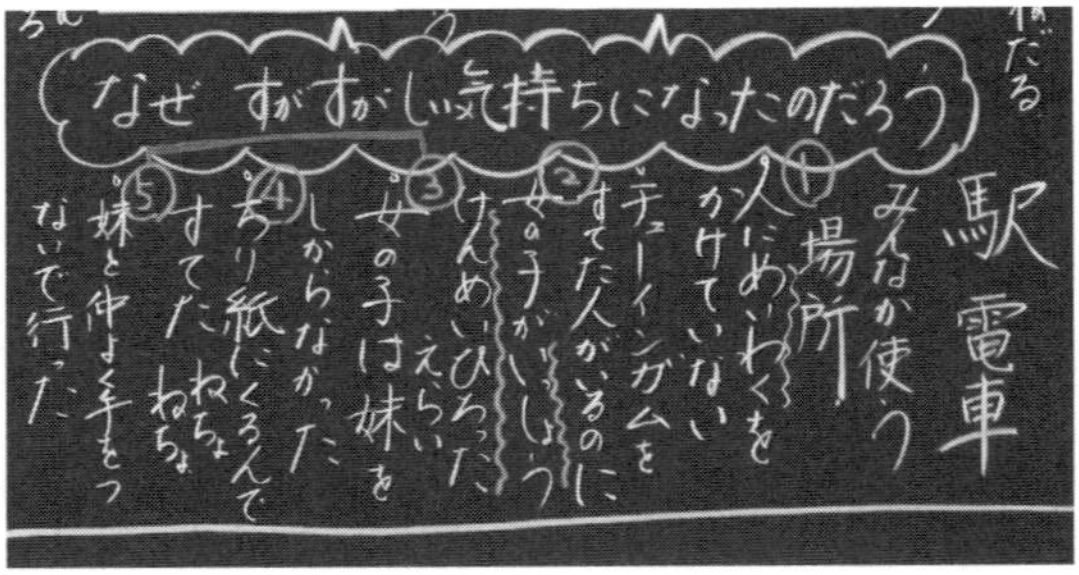

行動を表現する教材には必ずしも必要がない内容です。しかし、「わたし」の「すがすがしさの原因」としてはあながち誤りとは言えません。姉が子どもたちと同年齢ですからなおさらです。

そこで、それぞれの意見が発表されたときやナンバリングして意見を整理をするときに、「不愉快になった原因（ガムを捨てた人がいる）に対して女の子の行動はどうですか」などを問い返して、「人に迷惑をかけていない」や「（みんなが使ういすや床の上のあめを）一生懸命拾った」を引き出し、波線を引きました。

その後、自分が考える一番と二番の意見を選んでノートに書く③**順序付け**を行い、その内容を発表させるなどして、公徳心という内容項目に関連する考えを強調しました。

【展開後半】「すてきな心のおくり物」とは何かを話し合う

このおくり物は、「男性が改めて姉妹から教わった公共の場での望ましい行動」「目に見えにくい公の場での大切な過ごし方」と解釈できます。男性を「すがすがしい気分にしたもの」でもあります。しかし、この学習で子どもが最初からそのようなことを言うことは難しいです。

展開前半で共感的に理解できる意見を尋ね、公徳心に十分焦点化していないことも理由です。そこで、「心が温かくなる」「うれしくなる」「気持ちよくなる」などという子どもの発言に教師が「例えば何がうれしいのですか」や「姉のどんな行動で心が温かくなるのでしょうか」などと、**⑩例示**するよう問い返したり、教師から直接公徳を守る行動を付け加えたりしながら、「みんなが使う場所での姉のよい行動が『おくり物』だったんだね」とします。

【終末】自分が公共の場でマナーを守っている事柄を振り返ってノートに書く

その後、公徳心、公共の場でマナーを守ることの大切さを教師から話しました。そして、自分の生活の中から、みんなが使う場所や使うものを大切にしていることを思い出して書きます。「公園にごみを落とさないようにしている」「公園に落ちている缶を拾った」「近くの温泉を丁寧に使っている」などを想起しました。また、教室の掃除を「みんなが使う場所をきれいにするための行動」だという観点で捉えているのも、この授業があったからだと言えます。

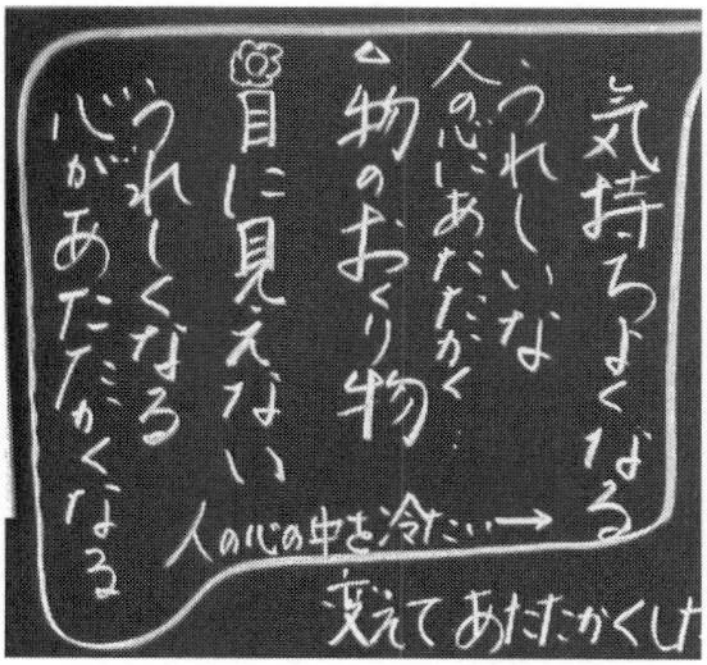

3　更に探究的な授業にするために

姉の「みんなが使う場所を大切にする行動」と「愛情をもって妹に関わる行動」を比べる

「わたし」が「すてきな心のおくり物」をもらったような気が

して、すがすがしい気分になったのは、㋐姉が公徳を大切にしていたからなのですが、一方で、㋑姉が妹のお世話をし、仲よくしていたこともあります。この授業では、原因として双方一緒に扱い、共感と不愉快になった理由との対比で、公徳に目を向けさせ、押し付けにならないように、そのよさの理解を図りました。

隣の学級では、㋐の公徳に関する意見と㋑の姉妹愛に関する意見を、教師が上下に書き分けて板書しました。㋐は「あめ玉をちゃんと拾った」「ちり紙に包んだ」「くずかごに捨てた」、㋑は「お姉さんと妹が仲がよさそうにしていた」「お姉さんがやった」「スキップして楽しそう」でした。

そして、「いくつか理由はあるでしょうが、自分が一番の原因だと思う意見にネームカードを貼って理由を発表しましょう」と問い返し、「公徳心」と「姉妹愛」について対比しました。結果、2／3強が公徳心、1／3弱が姉妹愛を選択しました。理由の発表後、教師から、「みんなが使う場所を丁寧に使うよさが強く『わたし』に伝わったのは、仲のよい姉妹がその年齢できちんと行動したからかもしれませんね」と双方の価値を⑫関係付ける話をしました。

身の回りのルール（きまり）とマナー（公徳）を見付け、違いに関心をもてるようにする

特に中学年から「公徳」について扱います。ルール（きまり）が比較的わかりやすいのに対して、マナー（公徳）はわかりにくいという特徴があります。そのため、当然、二つの違いの基準も明確には理解しづらくなります。

解説道徳編では、「社会集団を維持発展する上で、社会生活の中において守るべき道徳としての公徳を進んで大切にする態度にまで広げていく必要がある」と述べています。

そこで、事後学習（家庭学習でもよい）として、「身の回りにあるルールとマナーを見付けて、その違いについて考えよう」という発展学習を仕組みます。大人でもルールとマナーの区別は付けにくいというのが実際なので、「違いに関心をもつ」程度をねらいとします。

まず、身の回りにあるルールやマナーをたくさん集めて、道徳ノートに書き出します。学校や家、お店、道路など場所をイメージするよう伝えます。その後、「人々の生命や安全、安心を守るもので、みんなが必ず守らないといけないものがルール（きまりや法律）」、一方「ルール（きまりや法律）以外で、社会での集団生活や人間関係をよりよくするために守るとよいものがマナー」と伝え、それぞれの枠の中に入れてまとめたり、色やマークを付けて区別したりします。ルールとマナーの双方があって円滑に社会生活が営まれることを伝えます。

5　ヒキガエルとロバ

主題名　生命あるものを大切に

ねらい　生命を大切にしようとする人物について話し合うことを通して、心情と行動の二側面に着目するよさを理解し、生命あるものを大切にする道徳的態度を育む。

出典：『わたしたちの道徳　小学校三・四年』文部科学省

教材　Ⓐ雨上がりの畑道で、ヒキガエルは少年たちに何度も石をぶつけられ轍に逃げます。そこへロバが荷車を引いてきます。このままだとひかれます。Ⓑ側まで来たロバは、ヒキガエルに鼻を近づけ、友達を見る優しい目でじっと見ます。Ⓒその後、「ヒヒーン」と足を踏ん張り荷車を引き、ヒキガエルの横に新しい轍を付けて通り過ぎます。Ⓓ様子を見ていた少年の手から石が静かに滑り落ちます。彼らはヒキガエルと、過ぎ去るロバをずっと眺めました。

1　探究する子どもの姿とそれを支える思考の技法・観点

【変容理解：㉒人物理解】少年の石を投げる姿からロバをずっと眺める姿への変容を考える

中心場面はⒷとⒸですが、はじめに、ⒶからⒹへの少年の変容を取り上げます。双方の心情を六つの表情絵（楽しんでいる↓泣いているの段階的表情）から選択させ、㉒人物理解の一つとします。場合によっては、自分のこれまでを思い出す子どももいるかもしれません。Ⓐの心情はマイナスの内容になるため、書かせたり発表させたりすることはしません。Ⓓは、石を落としロバを眺めるという情景描写だけのため、表情絵選択に加え、心情を発表等で確認することが必要です。その中で、生命を蔑にする行為からそれを悔い改めようとする行為への変容を理解させます。注意を要するのは、この授業が扱う内容項目は「自然愛護」ではなく「生命の尊さ」だということです。適切な配慮がないと「動植物を大切にする」と混同してしまいます。

【思考把握：⑪分割】心情と行動の二側面に分けて、ロバの考えていることを捉える

前出の「心と心のあく手」でも似た取扱いをしました。「心と心のあく手」では、一人の人物の二つの行動を対比し、娘さんの思いやりも加えて、親切な行為の関係を捉えさせました。

一方、この教材では、Ⓑのロバ（助言者としての位置付け）の心情を想像します。「はしの上のおおかみ」のくま同様、助言者には周囲の人に助言しようという意識はありません。ロバの考えていることを想像することで、内容項目の具体である、相手の「生命の尊さ」を感じ取ることに加えて、「生命あるものを大切」にした行動をすることの二面を理解できるようにします。そのため、ロバの考えていることを心情と行動の二つの内容に⑪分割して捉えることとしました。

道徳的価値を二つの内容（ここでは、心情と行動）に「分けて比べる（類別・対比）」ことは、価値理解の効果的な方法の一つです。

【価値解釈：⑧簡潔化】学んだことを足し算や三単語入り文章で表現し、価値を捉える

道徳科は「道徳的価値の理解」が必要なため、子ども自身が、何を学んだかを自覚する（まとめる）活動が必要となります。この授業は、中学年の子どもでも価値解釈が行いやすく、また、視覚化により他者にも伝わりやすいように、⑧簡潔化の一形式としての「足し算による数式表現」と「三単語入りの文章表現」を用いています。

他の事例でも、数式表現や単語や文の数を指定した表現で、価値理解をまとめ、表現する授業を掲載しています。どのように価値を理解したか、子ども自身が確認できる容易な方法です。

この道徳的価値理解、解釈は、助言者ロバの人間としての強さやたくましさの理解を促すことにもつながっています。

2　授業の展開

【導入】教材に関連する事柄を想起したり、教材を聞いたりして、全体の状況を理解する

ヒキガエルを知らない上に、それらに石を投げるという動機に共感できず、同様の経験もない子どもは少なくありません。そのため、ヒキガエルの写真や教材の挿絵を順に示し、教材の状況を解説します。その後、教材を読み聞かせ、学習課題「命を大切にするとは？」を提示します。「自然愛護」に流れないように、ヒキガエルやロバを擬人化（人と）して捉えるように投げかけます。

【展開前半】少年の変容とロバが考えていることを話し合う

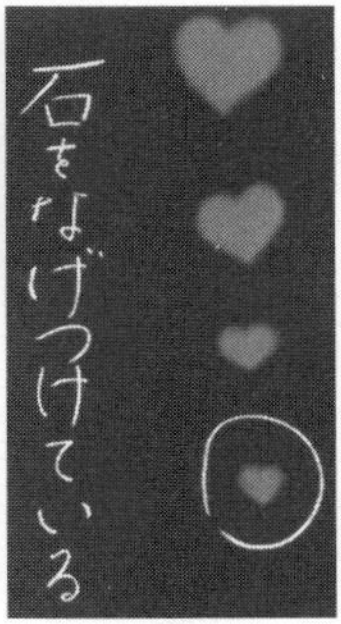

最初に、ⒶとⒹでの少年の心情をハートで比較（生命を大切にしようとする気持ちの大きさ）して、Ⓐが最小、Ⓓがそれよりは大きなハートであることを確認し、㉒**人物理解**をします。よく似た方法として、別の学級では表情絵で行いました。ハートと表情絵のどちらも言葉で心情を書かないので、誰でも簡単に表現できるよさがあります。

視覚化は、自分の考えを人に伝えるというよさはもちろんですが、自分がそのように考えていたことを自分が客観的に知る方法でもあります。

少年の心情の変容を確認した後、その変容をもたらしたロバが「鼻を近づけている場面」で考えていることについて話し合います。「ロバはどんな気持ちですか」と問うと「悲しい」など気持ちを表す「単語」になりがちなので「何を考えていますか」と思考内容を考えるように促します。「ヒキガエルに何と話していますか」と問うのも中学年にはふさわしいかもしれません。ノートに書いた後、全体で考えを出し合います。前出の「心と心のあく手」のときと同じように、出された意見を教師が右と左に書き分けます。二、三書き分けたら、「先生はどのよう

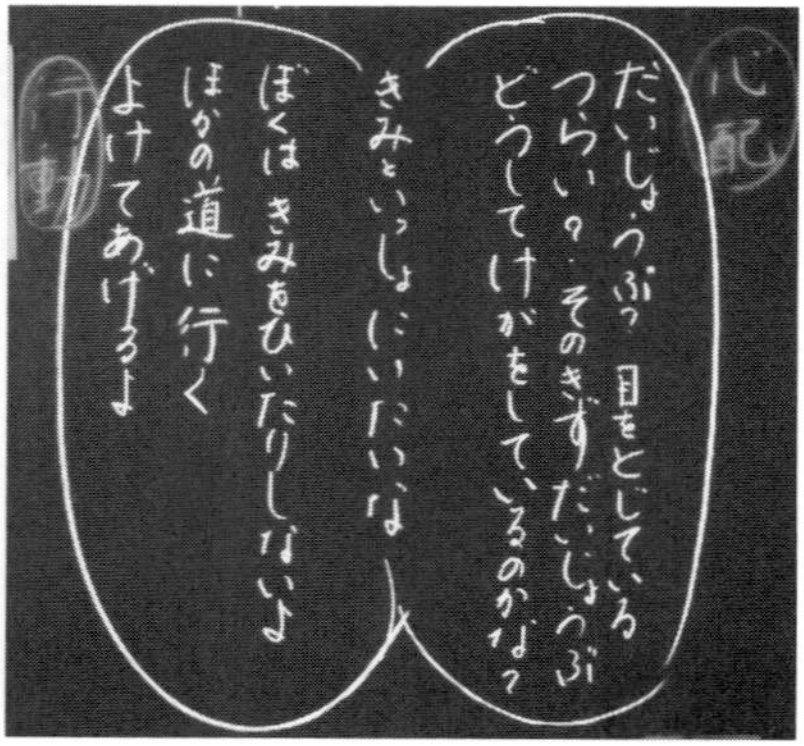

に書き分けているかわかりますか？」と⑪**分割**の意図を問います。すると「右のほうは○○」との予想が出てきます。このように話合いの途中に、分割の意図や内容を子どもたちが考えるように促します。ここでは、右側を「心配（心）」、左側を「行動」としました。

「生命を尊重する」ことの具体は、相手に心を寄せて心配することと、具体的に生命を守る行動を取ることの二側面の把握で価値解釈ができるようにします。板書では、中央に「君と一緒にいたいな」という発言を書いています。どちらにも属さない内容ですが、どちらにも通ずる大切な考えなので真ん中に配置しています。

【展開後半】右（心）と左（行動）を比較した上で、学んだことを表現する

「考えを深めるとは比較すること」ですから、ここでも比べる発問をします。子ども自らが比べることを提案できるようになればもっといいのですが、中学年ですから教師から問い返しとして考えを深めるような促しをします。

命あるものを大切にするとは？＝相手のことを
心配する
思う気持ち
＋
自分から
行動する

一般には、「心と行動は、どちらが大切ですか、その理由は何ですか」や「どちらも大切なら、その理由は何ですか」「自分の経験ではどんなことがありましたか」「自分はどちらが得意（で、どちらに力を入れたいですか）」などの観点を投げかけて、生命を大切にすることの意味を、自分自身に引き付けられるようにします。例示した問い返しをすべて行うということではありません。問い返しは数を絞って行うことが効果的です。問いかけに対する正答はないので、自分なりの考えを得ることができます。

その後、道徳的価値の解釈を自分なりにまとめ、⑧**簡潔化**する機会を設けます。足し算で表すことと、三つの単語を入れた文章で表すことです。数式表現は、写真のように「心」と「行動」を入れて足し算にしています。どのような心か、どのような行動かという修飾語に、その子どもなりの解釈が入ります。

足し算で表すことが難しい子どもや、早く足し算を完成させた子どもに対しては、写真のように、教師から「今日の授業で学んだことを三つの言葉を使って表現しましょう」と投げかけます。

【終末】　現在の自分はどうか、これからどうしたいかなどを表現する

一般的な自己理解を促す活動です。生命を大切にしている自分の気持ちや行動の中でよいところを中心に、これからの心のめあてなどを書きます。

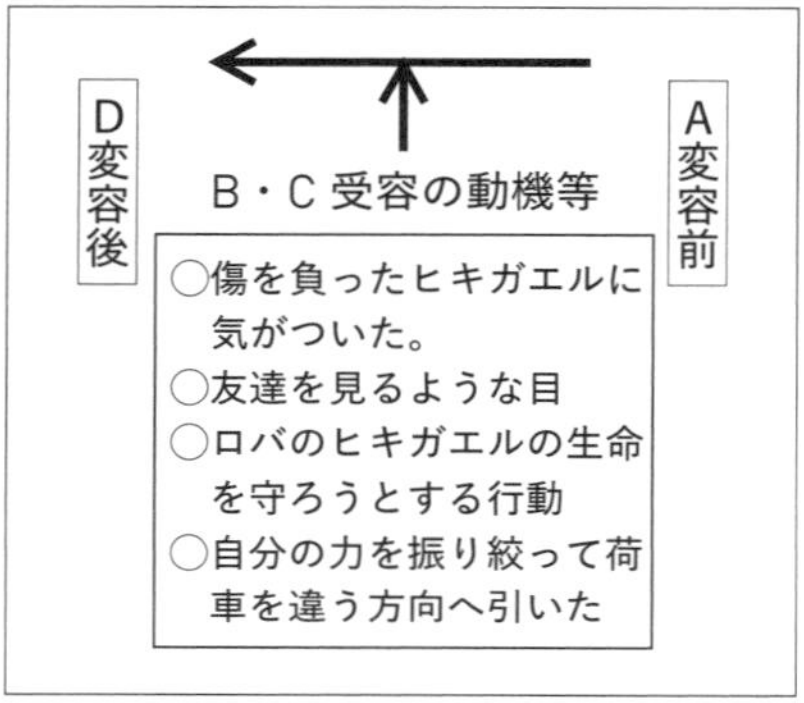
A変容前
B・C受容の動機等
D変容後
◯傷を負ったヒキガエルに気がついた。
◯友達を見るような目
◯ロバのヒキガエルの生命を守ろうとする行動
◯自分の力を振り絞って荷車を違う方向へ引いた

3　更に探究的な授業にするために

人物の価値観の変容（きっかけ、動機など）を探究的、抽象的に把握できるようにする

道徳的価値の実現状況が「不十分な状況」（Ⓐ）から「より十分な状況」（Ⓓ）へ変容する過程を理解すること、特に、変容のきっかけや動機（ⒷⒸ）を理解することは、読み物教材を使用した道徳科授業のオーソドックスな学びです。そのため、それを子ども自らが求めて学べるようにすることで探究的な道徳科授業をつくることができます。㉔**人間理解**のところで紹介した思考ツールを使うようにすると、教材から学ぶ方法や内容が可視化できます。

この授業の場合、少年の心が変容したのは、助言者ロバの行動の動機や意味などを間近で見て心を打たれたからです。その感動をノートに書いて家族に話す学習にも発展できます。

今回の授業で学んだのは、㋐相手の辛い状況に気付く、㋑初めて会った相手をこれまでの自分の友達のように思いやる、そして、㋒生命を守る行動を取る（力の限り荷車を違う方向に引き生命を助ける）ことでした。「気付く、思いやる、行動する」と一般化できます。

自己理解を文章以外の方法で行い、自分を見つめる力を高められるようにする

道徳科では、道徳的価値の理解は当然必要なのですが、それと同じように重要なのは「自己を見つめる」「自己の生き方についての考えを深める」ことです。道徳科を探究的に行うとは、「なりたい自分像の実現」に向けて、自己の振り返りや自己理解を深めることです。

ならば、道徳科の終末で行うことが多い自己の振り返り方を多様にしていくこと、また、自己を見つめる手法を子どもが選べるようにすることが必要かもしれません。例えば、これまで多く行われている、㋐文章で自分のよさや不十分さについて書く、㋑記号や数値で自分のよさを段階化する、㋒道徳スケール（スパイダーグラフを含む）や二次元のスケール（二軸四窓のマトリックスなど）に自分の状況や考えを位置付けるなどです。短時間で視覚化できるものがふさわしいでしょう。違う学級で「ヒキガエルとロバ」を実践したときは、終末での自己理解を写真のように二軸（心と行動）で行いました。その後、現在の自分の有り様を文章で書き足します。自己の振り返りは、マイナスな事柄を書くことも予想されますから、友達と交流しないことや全員の前で発表しないことが原則です。

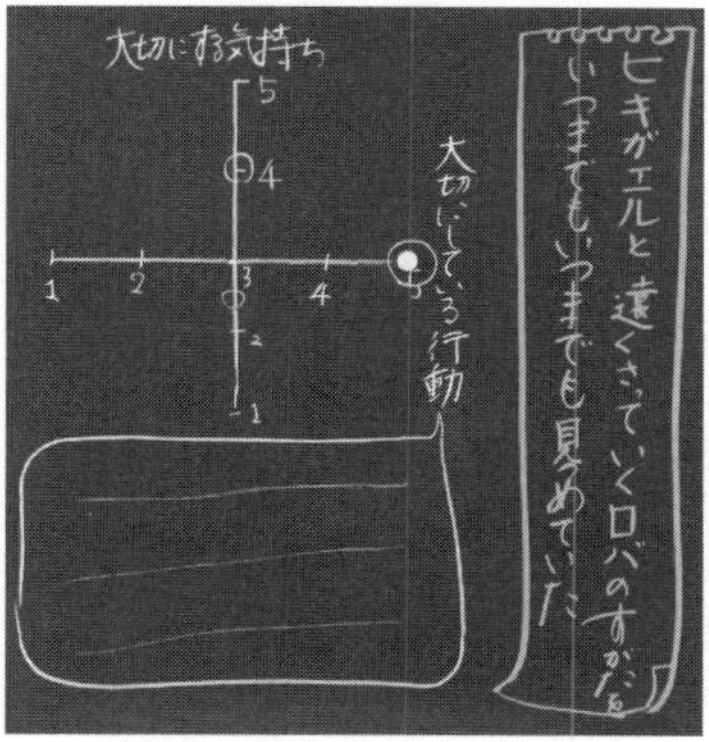

6　銀のしょく台

主題名　けんきょに　広い心をもって

ねらい　許すときの考えを多様に話し合うことを通して、相手のことを思いやり励ますための「許す行動」のよさに気付き、広い心で接しようとする道徳的態度を育む。

出典：『わたしたちの道徳　小学校五・六年』文部科学省

教材　Ⓐ姉らのためにパンを盗み牢屋に入ったジャンが、一九年の刑期を終え出てきました。Ⓑどの宿にも断られ、ミリエル司教の教会に泊めてもらいます。ジャンはその夜、銀の食器を盗んで逃げます。Ⓒ次の日、ジャンが兵隊に連れられて教会に来たとき、司教は、銀の食器はあげたものだと言い、「この銀のしょく台もあげたのに、忘れていきましたね」と手渡します。Ⓓ驚くジャンに司教は「これは、正直な人間になるために使いなさい」とささやきました。

1　探究する子どもの姿とそれを支える思考の技法・観点

【状況理解：⑳知識想起】教材に描かれている事物の知識を得て、状況を捉える

子どもに対して教材中の「銀」「しょく台」「司教」などの理解を図ること、しかも、子どもの疑問に応じるように短時間でわかりやすく、ということが重要です。

そこで、⑳**知識想起**として、これらの言葉や対象を知っているか尋ねながら、子どもの知りたいという求めに応じながら、事前に準備しておいた写真や言葉で解説します。知っている子どもに説明してもらうこともあります。一般に「銀」なら知っていそうですが、私の授業では、高価なものだと十分には知らない子どももいました。ましてや「しょく台」はほとんど知りませんでした。

【意図想定：㉓他者理解】友達の考えを理解し、人物の行動の意図、動機を考える

人物が行動するには、それ相応の動機があります。Ⓑでジャンが銀の食器を盗んだ動機は容易に理解できます。一方、Ⓒの場面で、司教は兵隊に対して、食器はあげたものでしょく台もあげたのに忘れて行ったと言います。意図が子どもにはわかりません。誰もが、「なぜそんなことまでするのか」と強い疑問をもつため、そこを中心場面として授業をつくらざるを得ません。

活動の中心は、かばった意図、動機を考え話し合うことです。全体としていくつかの動機が出されますが、子どもによって意見が様々です。他の子どもが考えた意見は、授業での㉓**他者理解**になります。どれもが、多面的・多角的に物事を考える上で大切な考えです。また、他者の考えを理解することで、自分なりの考えをもつことが容易で確かになります。

【価値理解：㉙役割演技】最後のささやきを役割演技で行い、寛容のよさを考える

実際の授業では、最初、ささやきの部分はブランクにしていましたから、「正直な人間になるために使いなさい」とは知りませんでした。司教の立場になって、ブランクを想像した後、本当の記述を知らせます。その記述を踏まえた上で、㉙**役割演技**を行いました。

通常の役割演技は、即時、即応のやり取りがあることが原則ですが、ここでは、ジャンは驚いて言葉が出ない状況ですから、司教からの言葉がけが中心になります。「正直な人間になるために使いなさい」の後に、自分が考えた言葉を付け足して相手に伝えるという役割演技です。

伝えた子ども（司教役）、伝えられた子ども（ジャン役）の気持ちを出し合うことで「許す行動（寛容）」のよさ、難しさを感じ取り、自分の道徳的価値理解を図りました。

2　授業の展開

【導入】学習課題を知り、教材中の事物や状況を理解する

学習課題「人との関わりについて考える」を示した後、「司教」「銀」「しょく台」の意味を尋ねることで⑳**知識想起**させ、必要に応じて教師から説明します。その後、牢屋に入っているジャンの挿絵のアップを示し状況を予想させた後、教材を読み聞かせ、状況の理解を図ります。

【展開前半】銀のしょく台まで手渡した司教は、どんなことを考えていたか話し合う

教材を聞いて、ほぼ全員が「なぜ、銀のしょく台まで……」と疑問に感じますから、中心発問は、「なぜ、銀のしょく台まで手渡したのでしょうか」になります。㋐ろうやに入れたくない、㋑家族のために、㋒もう盗んでほしくない、㋓幸せになってほしい、の四とおりの意見が出ました。子どもによって主張が違いますし、どれが正しいかはわからないのですから、㉓**他者理解**が進みます。

他の学級で行った授業では、㋒に似た意見として、「ここまですれば（しょく台さえもあげれば）心を変えてくれるのではないか」や「兵隊を信じさせるため」「ジャンの貧しさがとてもよくわかるから」「感謝の心を育てたい」なども出ました。これら友達の意見に触れることで、司教の人柄や考えがいろいろ想像され、「しょく台まで手渡した」意図の想定が進みました。

【展開後半】多くの意見に含まれる司教の思いを話し合い、役割演技で理解を深める

すべてに共通しているとは言えないにしても、それぞれの意見に含まれているであろう思いを話し合うことは、「寛容」という道徳的価値の理解を促進します。「どの考えも相手を思いやっている」「幸せを願っている」などが出されました。当然、「やり過ぎ（甘やかし過ぎ）ではないか」とか「次も同じような過ち、盗みをするのではないか」という懸念や反対意見も出ます。しかし、たとえそうだとしても、司教が相手の幸せを願っているということを否定することはできません。概ね「相手を許し幸せを願うことを『広い心』と言う」との理解に落ち着きました。なお、この授業では、道徳的価値の理解を一人一人に任せると同時に、前述（写真）のとおり、学級のみんなで一つの解釈をつくるという方法を採用しています。それは、寛容と

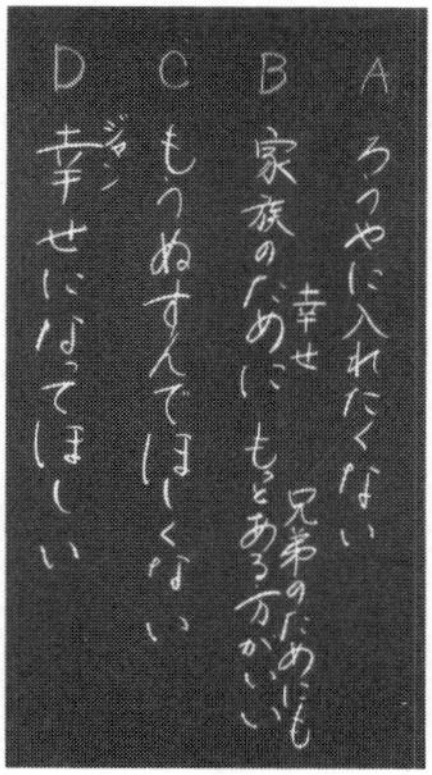
A ろうやに入れたくない
B 家族のために もっとある方がいい
幸せ
兄弟のためにも
C もうぬすんではほしくない
D 幸せになってほしい
ジャン

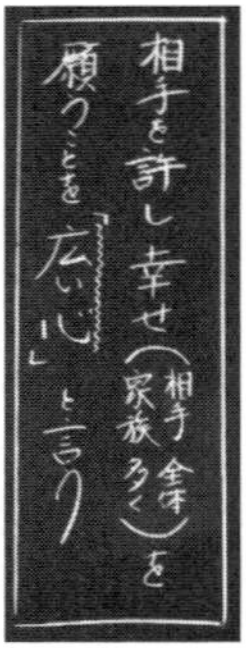

いう道徳的価値が少し難しいからでもあります。

その後、最後の場面でジャンを励ます（諭す）司教とのやり取りを㉙**役割演技**することで、寛容の価値についての理解を深めました。

銀の食器だけではなく、しょく台まであげるという司教の行為になかなか納得できない子どもにとって、この演技をすることが、寛容の価値理解にプラスになると考えました。ジャン役を教師が、司教を子どもが行うことを基本として実施します。

【終末】 学習内容と方法について振り返る

授業で考えたことを道徳プリントに書きます。その後、「できそうなイメージハート」に◯を付けるという活動を行いました。広い心を今後「かなり発揮できそう」～「難しいかも」の四段階のいずれかのハートに◯を付けるという方法です。ねらいが「態度」だからです。

3 更に探究的な授業にするために

人物が行ったことの善悪を多視点で考えることができるようにする

探究的な学習過程には「自ら課題を見付ける」「そこにある具体的な問題について情報を収集する」などがあります。前者は、この授業では「司教は、なぜ、銀のしょく台まであげたのか」でした。そして、㋐、㋑、㋒、㋓という友達の意見（㉓**他者理解**）を情報として収集し、自分なりの「広い心」に関する考えをもてました。

一方で、他の学級での授業では、最初から「司教が行ったことはよいか悪いか」を課題としてもつ子どももいました。多くの子どもが、人物の行動の是非を考えたいという学習課題をもっているなら、それを取り上げる授業化も必要です。その場合、司教のしたことが「善いか悪いか（⑤善悪・当為）」の単独の視点（例えば一次元道徳スケール）でもいいし、更に探究的にするなら、道徳科の目標の「物事を多面的・多角的に考える」を重視し、視点人物を複数（ジャン、兵隊、司教）設定することが効果的な場合もあります（Yチャートの活用等）。

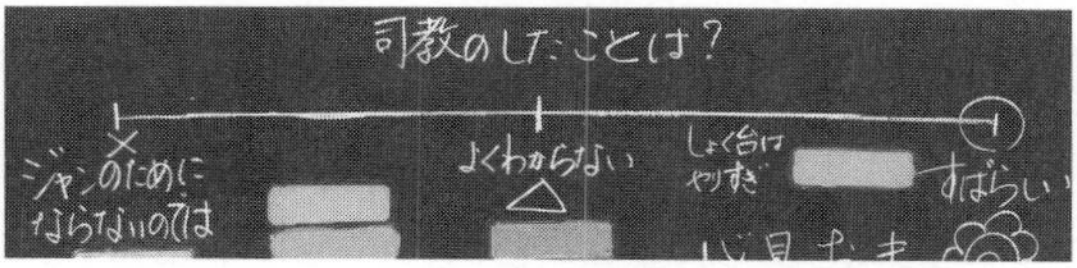

なお、参考になるかどうかはわかりませんが、単に司教の行為が善いか悪いかという二項対立で検討した授業と、三人（ジャンにとって、司教自身にとって、兵隊にとって）に対象を広げて行った隣の学級での授業を比べると、終末に子どもが回答した「授業の印象度（二〇点満点）」は、複数（三人）視点で実施した授業のほうが高いという結果でした。

多視点で考えた後、更に、検討の視点を焦点化して考えることができるようにする

更に、もう一つ隣の学級では、複数の視点人物の話合いを行った後、子どもたちの求めに応じて、課題を更に焦点化して話し合いました。焦点化したのは、「司教が

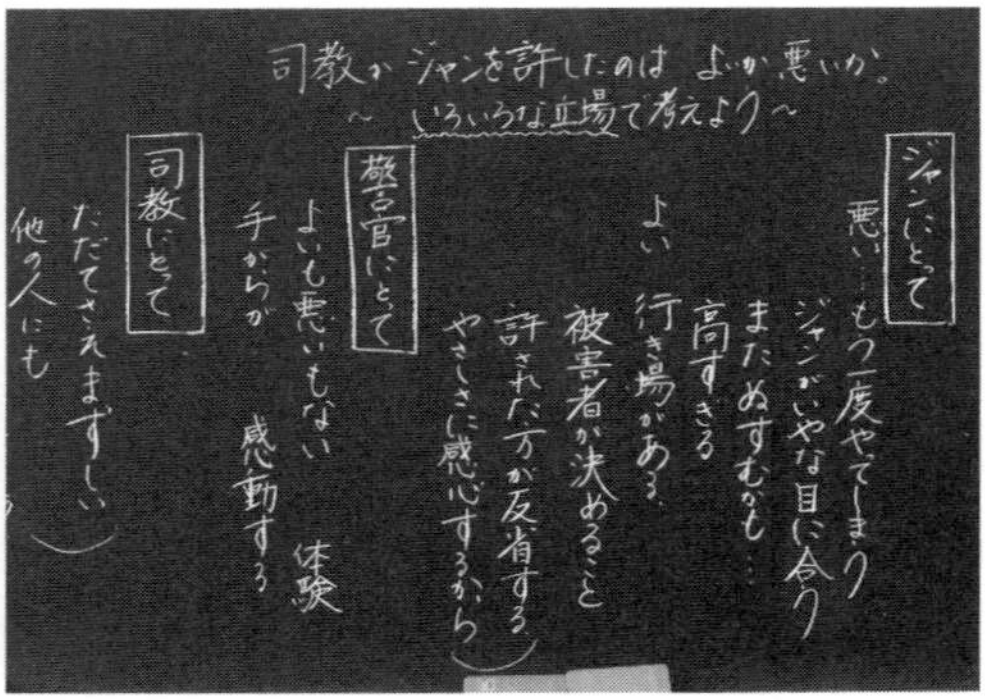

許すほうが、ジャンは今後罪を犯さないか」、それとも、「ここで許さない（再度牢屋に入って反省させる）ほうが罪を犯さないか」でした。結局、許すにしても許さないにしても、ジャンの気持ち次第でどちらの可能性もある、という結果になりました。しかし、どちらの可能性もあることがわかっていて、司教は、しょく台まであげることでジャンの再起を願った（強く伝えた）のだという、切実な思い、期待を再考する授業となりました。

なお、この授業の印象度は、一番はじめの授業（単独の視点）よりも高かったのですが、二番目の三人の視点人物で考えるよりも低い結果となりました。子どもが違うのですから、比べようもない話なのですが、話し合う内容が多くなったためかもしれません。

「⑮損得」の観点を用いて、やり取りの二重性を考えることができるようにする

第Ⅲ章の授業は、どれも複数回実施しています。その中で、「六セント半のおつり」や「牛乳配り」でも用いた「⑮損得」を観点にした授業を紹介します。「損得」というと少し語弊がありますが、道徳科の授業の場合、「教材の読みの原則の一つ」に、「人物は何を与えて何を得たのか」などがあります。

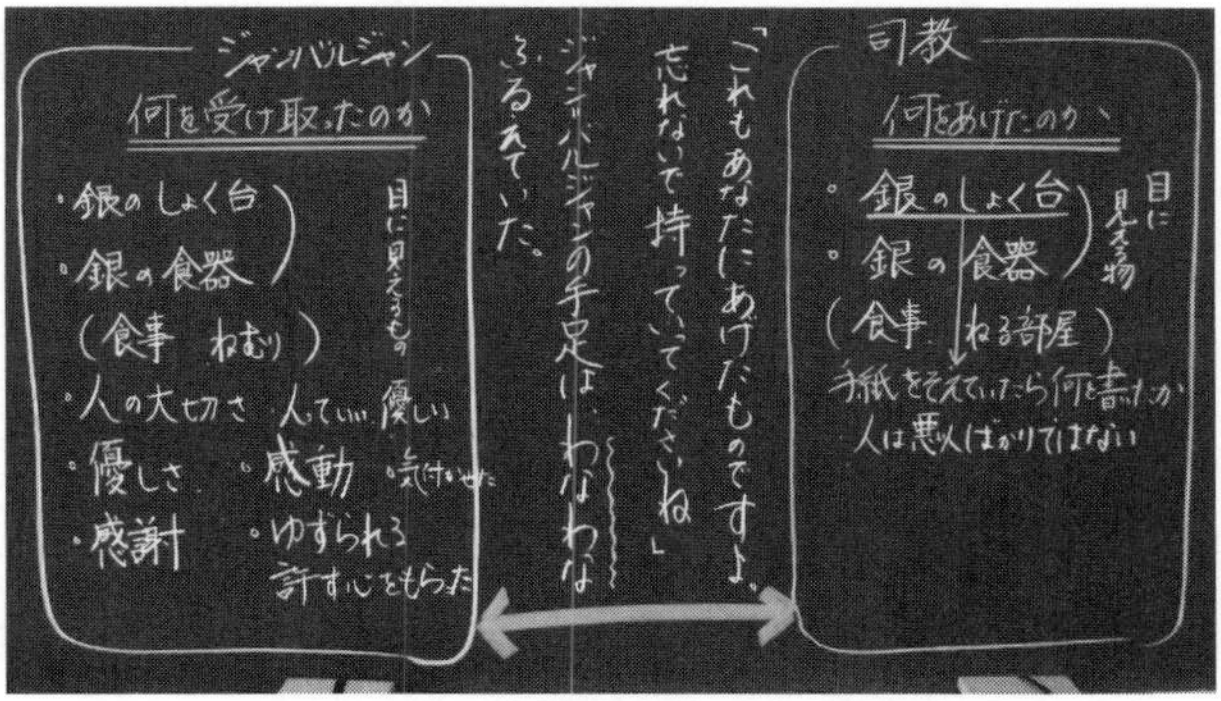

この場合、「司教は何をジャンに与えて、ジャンは司教から何を得たのか」です。全体を俯瞰する課題になりますから、中学年以上が望ましいです。目に見えるのは、司教は「銀のしょく台」（食器、食事、安眠等）を与え、ジャンはそれらを得ています。しかし、どの子も「やり取りの二重性」に気付いています。司教はどんな願いをジャンに与え、ジャンはどんな願いを得たのでしょうか。書かれていない内容を想像し、道徳的価値（寛容）の意味理解につなげます。板書では、教材にある「正直に生きてほしい」以外にジャンは司教から優しさ、許す心を受け取り、感謝しているとあります。それらは、寛容を支える、あるいは必要な考えなのかもしれません。また、「司教は、ジャンに何を与えて、逆にジャンから何を得たのか」を考えるなら、更に「寛容」の意味を深められるでしょう。

7　手品師

主題名　誠実な生き方

ねらい　人物の行動選択について話し合うことを通して、自分に正直に、納得した生き方のよさについて考え、誠実に明るい心で生活しようとする道徳的心情を育む。

出典：（掲載されている教科書　小学校五年、または六年）

教材　Ⓐ売れない手品師が、大劇場に立つため腕を磨いていました。Ⓑある日、父の死後母が働きに出て帰ってこないと悲しむ男の子に出会い、手品で元気付け、明日の約束もします。Ⓒその夜、友人が電話で、急病の手品師の代役として明日の大劇場出演を勧めます。Ⓓ手品師は、大劇場での自分と男の子の顔を浮かべ迷いに迷います。そして、君にはすまないが大切な約束があると断ります。Ⓔ翌日、手品師は一人のお客様を前に次々とすばらしい手品を演じました。

1　探究する子どもの姿とそれを支える思考の技法・観点

【人物理解：⑰対立点】　対立点、葛藤状況を踏まえて、人物を捉える

一般に、人物の中の⑰対立点、葛藤状況を踏まえて人物を理解する場合、その人に寄り添って共感的に行います。例えば、「大劇場と男の子で迷っている手品師は、何を考えているでしょうか」などです。これは、人物の内側に入って「なりきって考える」思考です。効果的ですが、その人物が考えていないことは思考に入れることができないという短所があります。

一方、「男の子を選んだ手品師のことをどう思いますか」のように、人物を対象化して外側から評論させる場合、それらとは異なった理解が促されます。通常、人物の内側から外側の順に考えるほうが、人物理解や価値理解が進みやすい傾向があります。しかし、今回はそれを逆の順（外側からの評論後、内側に入って思考、理解）で行う方法で、人物理解をしました。

【再思考：④納得】多様な考えから納得できる点を見付ける中で、再度価値について考える

新たな視点を入れて、再度よく似た内容を思考させることで、道徳的価値の理解を多様に、また深くすることができる場合があります。

人の選択決定が、今回の手品師のように、その人の中では一貫していることであったとしても、傍から見れば、ときに、理解が難しいことがあります。そのため、その人物の取った行動やその根拠の中から、子ども自身が④納得できる考えを見付け出すことになります。子どもが「自分だったら」と考えて選択したり、二つのその後を予想したりすることも含めて、再度、自分が納得できる考えを捉えます。

【価値解釈：㉔人間理解】人としての強さや尊さを見付けることで、価値を理解する

一読すると、手品師は、「夢の実現」と「男の子との約束」のどちらを優先するか葛藤しているように読めます。実際そのような解釈も可能ですし、「先にした約束を守るのか、破ってもいいのか」のように杓子定規に考えてしまう子どももいます。しかし、実際には、「今の自分の夢は、すばらしい手品を次々と演じて人を喜ばすこと」であり、それが、「大劇場の多くの人よりもたった一人のお客様」だったとも考えられます。そのため、「手品師は、自分の気持ちに正直に、誠実に生きようとしているだけでそれに納得している」という解釈ができます。

この教材がとても印象に残るのは、その人物の生き方に自己犠牲の様相が感じられるからです。しかし、実際には、この人物には、男の子のために（せいで）、自分の夢や生き方を犠牲にしている感覚はありません。むしろ、男の子の前で手品を披露することに、自分なりのやりがいや夢の実現を感じています。人物のよさを自己犠牲に求めることがないように留意することが必要です。人としての強さや尊さを感じる㉔**人間理解**を踏まえた価値解釈ができます。

2　授業の展開

【導入】教材から男の子や手品師の置かれた状況などを理解する

「誠実について考える」という学習課題を提示した後、すぐに教材を読みます。人物が置かれている状況をわかりやすく整理した後、⑰**対立点**に着目して、手品師の迷いや葛藤を捉えさせます。感想を発表させた後、誰もが意外に感じていることを取り上げて、次の発問です。

【展開前半】男の子との約束を守った手品師について考える

「手品師の選択をあなたはどう思うか」と人物を対象化して考えます。外側から評論する思考です。こうすると、人物の切実な思いに寄り添うことが少なくなる代わりに、「自分なら……」と子どもの考えが出やすくなるよさがあります。㋐すごいと思う、㋑どうかなと思う、㋒大劇場に行くほうがいいのでは、㋓他の方法がある、の概ね四つの意見になりました。㋓については、大劇場に行く前にそのことを伝えることができるのではないか、有名になってから男の子の前で手品をする方法もあるのではないかなど、子どもなら必ず考える事柄でした。まだ、どれか一つに納得できる状況にはないようです。

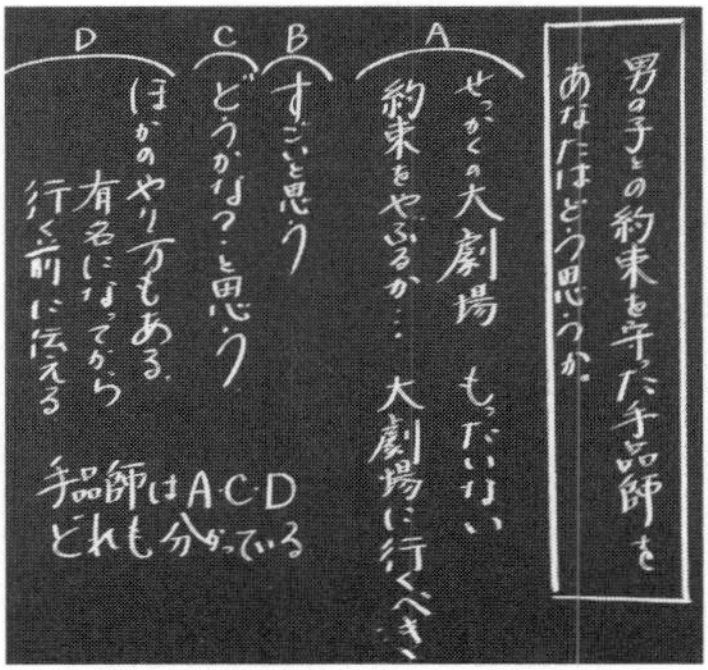

【展開後半】それらを踏まえて、手品師の選択の理由を再度考える

外側から人物を評論すると、㋓のようにその他の方法があるのではないかという意見が必ず出ます。それらを踏まえて中心発問をします。「手品師は、他の方法もあることが十分わかっているし、大劇場に行くよさや男の子の約束を守るよさもそれぞれわかっているのに、どのような考えで、男の子との約束を守ったのだと思いますか」です。人物の外から内に入る思考です。男の子がかわいそう、約束を破ったら更に寂しくさせる、自分は男の子にとってたった一人の手品師だ、などが出ます。一方、大劇場は夢だし、豊かな暮らしがあるし、友達の友情にも応えられるなどが出されました。最終的に、手品師になりきって動機を推測するなら、そのときの「自分の気持ちに正直に、誠実な生き方をしたい」という手品師の思い（動機）に気付き、子どもたちは概ね**④納得**したようです。

ここで、とても大切なことなのですが、この思い（動機）は、大劇場を選択したとしても同様に成り立ちます。したがって、自己犠牲が大きいように見える行為と誠実さには直接関係がないことまでは、気付かせたい事柄です。

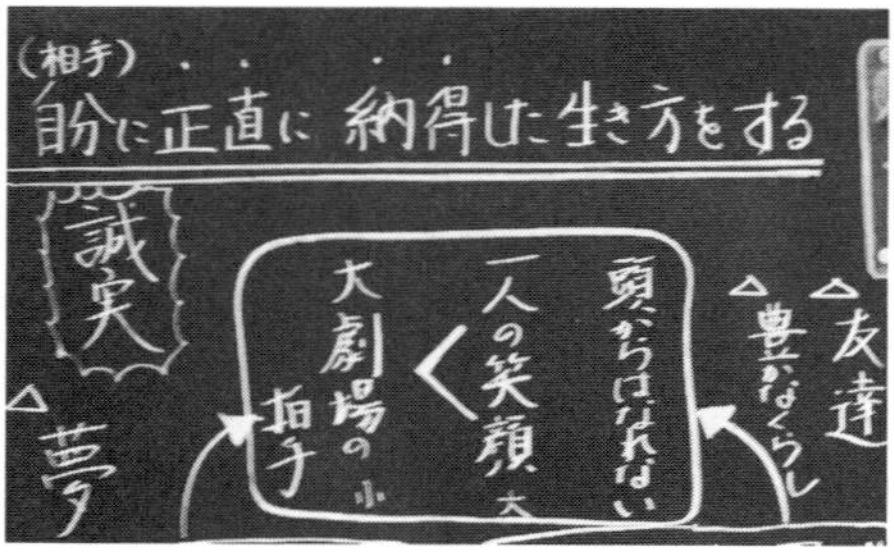

【終末】教師の話を聞く

そこで、「手品師は、何かを諦めたのではなく、自分のそのときの誠実な生き方を選んだのです。逆の選択であっても、手品師は同様に何か失うのではなく、自分の納得した生き方を得るのです」と、教師の話として伝えました。手品師から、**㉔人間理解**の内容の一部である人としての強さや気高さを感じ取ることもでき、正直、誠実の道徳的価値の解釈が深まりました。

3　更に探究的な授業にするために

子どもが設定した課題（例えば賛否）で考えることができるようにする

本来学習は、子ども自らが課題を見付けた上で、始めることが重要です。そのため、教師は、子どもの問題意識を事前に想定して、学習課題や中心発問を設定しています。

さて、この教材で前ページまでの課題以外なら、子どもはどんな課題を設定するでしょうか。誰もが容易に受け入れて積極的に意見交流し考えを深められる課題です。例えば「手品師の選択に賛成するか、少し違うか」という学習課題も可能です。その授業では、上記のとおり心情円を使って、「賛成である（右端）から反対である（左端）」までの五段階に分けて、自分の立場を決め、理由を交流しました。

同じ賛否の立場でも「善悪・当為」「約束」「友情」「夢の実現」「現実の生活」などいくつかの視点とその理由が出ます。教師は、それを確認、整理して子どもに意識できるように返すことを指導の中心とします。大切なのは、「自分たちで概ね合意できた学習課題のもとで、充実した話合いができること、そして、その話合いの中で、納得できる価値内容を学ぶことができたというその子どもなりの実感を得ること」です。

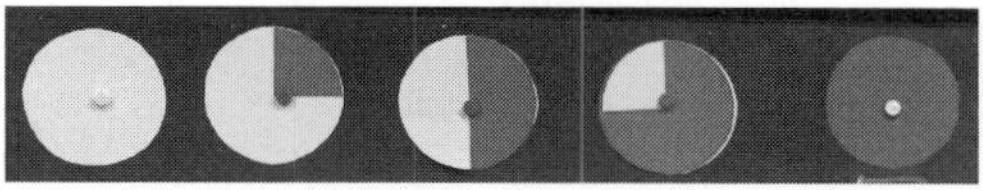

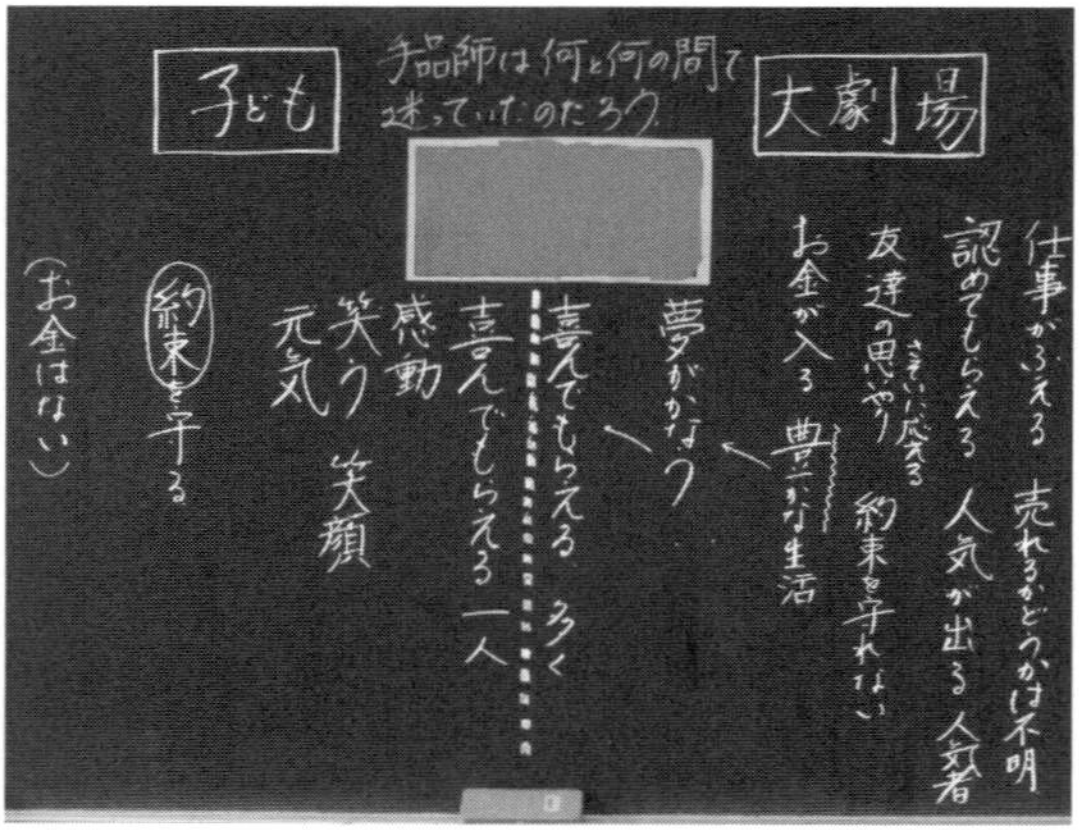

更に焦点化した内容を考えることができるようにする

実は、この項目は、前節の「銀のしょく台」でも同じところに書きました。そもそも学びを深く、探究的にするには、考える内容を絞ったり、視点を転換して他の事柄と比較したり、「なぜ」を繰り返したりして思考を進めることが必要になります。

それを子ども同士の話合いの中で、子ども自身が出せるようになれば、探究的な過程の中の「情報収集」「整理・分析」の段階が充実するはずです。そのため、教師は、話合い中で出されたけれども自覚的とは言えない子どもの「焦点化しようとする発言」を見付けて、「それはどういうことですか」と発言の意図や内容を確認し、周りに広げたり、「そのことをもう少しみんなで考えてみましょう」と、話合いの方向やその合意をつくり出したりします。

先の二つとは別の写真の授業では、「表面的には大劇場と男の子の間で迷っているのだけれど、その背景や具体的に迷っている理由にはいったい何があるか」を論題にして話し合ったものです。

中心発問は、「手品師は何と何の間で迷っているのだろうか」です。前項に書いたことと似てくるのですが、内容は様々で、いくつかの割り切れない思いを探究することになりました。

大人と一緒に考えることができるようにする

解説道徳編では、保護者や地域の人々が子どもと同じように授業を受ける形で参加し子どもと対話したり、子どものグループ別の話合いに加わり意見交換をしたりするような授業実施や公開について勧めています。現在、年一回程度、道徳科の授業参観を行っている学校は多いので、それを更に進め、大人が子どもと一緒に授業を受けるようにすることが求められています。

そのことは、探究的な授業という観点からも有効です。「情報収集」や「整理・分析」について、子どもたちにはない視点や考えを得られるからです。もちろん、事前に、大人に授業のねらいや教材について説明し、どのように子どもに関わるのがよいのか例示するなどし、大人の不安も取り除いておくことが必要です。また、授業だけでの話合いではなく、更に、家に帰って家庭で話合いを継続してもらうことも配慮事項の一つです。また、授業の前日に、各家庭で、中心発問について予め協議しておくこともよいかもしれません。

なお、道徳科を要として学校の道徳教育を充実するなら、参観授業で、学校経営案にある学校像や子ども像、重点目標に関係のある内容項目を扱うことや、授業後の保護者向けのアンケートに、道徳科授業と学校づくりに関する内容を入れることも有効です。

第Ⅳ章

今後の展開と可能性

1 更に探究する道徳科授業にするための前提

なりたい自分像を明確にさせつつ、道徳科の目標やよさなどを学習する機会を充実する

「個別最適な学びと協働的な学びの一体的な充実」が求められています。どちらの学びの充実においても、また、前者を子どもが自覚的に行おうとすればするほど、教師はもとより、子ども自身が、まずは、なりたい自分像を明確にしていくことが必要です。それが学びの方向性になります。学年、学期はじめ、学年末など自分像を振り返り更新する活動を充実します。

それに加えて、そもそも道徳科の目指すところ（目標）、道徳科で学ぶ事柄（内容）、学び方（方法）がどのようなものであるのか（あるとよいのか、自分にはふさわしいのか）、目的的に学ぶ機会、すなわち道徳科の価値や意味を学ぶ機会を、今後とも充実することが必要です。

教科書には、そのはじめの部分で、道徳科のねらい、内容（内容項目）、方法（学習過程も含め）などを端的に示しているものがあります。また、内容項目を適切な箇所に掲載しています。そこで、道徳科の授業開きの際にそれらを活用してその内容を学ぶ時間を十分確保します。その際、更に道徳科の目標、四つの授業の要素を含めた学習を詳しく行うとよいと考えます。

しかし、オリエンテーションの時間が十分取れない場合もあるでしょうし、年度はじめに概括的に学んでも、その意味するところが実際には子どもにイメージできないことも予想されます。

そこで、今後充実するのは、授業の終末で授業のねらい（めあて）や学んだこと（内容）や活動（方法）などを振り返る学習です。各時間ごとなので、振り返る事柄や対象が明確です。短時間でも毎時間継続することで、道徳科が目指すものや学ぶ内容がはっきりするはずです。

また、教師がするのも効果的ですが、例えば子どもが輪番に、その時間の「学びのまとめ」をするのも意味があります。終末に道徳ノートに書いたことの中で、全体に広げても差し支えないことを述べるというのもいいでしょう。「今日の学び方で効果的だったこと」「友達の意見で印象に残ったこと」「これまでの自分の考えが変化したこと、深まったこと」など、その時間に振り返るポイントを決めて意見交換すると、短時間で行えます。

本書のねらいから言えば、その際、「今日の思考の技法・観点でよかったこと」を振り返ることができるとよいと考えます。

各学校では、学期末に「子どもが自らを振り返って成長を実感したり、これからの課題や目標を見付けたりしたこと」の振り返りをしています。それを今後とも変わらず実施し、その間の道徳科の内容、学び方（思考の技法を含めて）を大括りに振り返ることも効果的です。

これら、一年間（小・中九年間）の取組全体が「探究的な道徳科授業」となります。

学校の教育目標、道徳教育の重点目標などを学習する機会を充実する

子どもが予め自覚、理解しているほうが望ましい事柄には、学校の教育目標（校訓なども含む）や学校が目指す子ども像（特に道徳教育に関する子ども像）もあります。それらは、学校や地域の願いや特色、あるいは伝統を踏まえているだけに、在籍の子どももそれらを知った上で、道徳科での自分の学習を行うなら、一層学びの価値や意味が高まります。

学校の教育目標や校訓を覚えていない教師は少ないかもしれませんが、知らない子どもは多くいるかもしれません。そのため、年度はじめや学期はじめには、子ども自身のなりたい自分像の想定に生かすため、それらを学ぶ機会を設けます。もちろん、学校の教育目標は、道徳教育に関する事柄だけではありませんから、実際には学校、学年、学級経営の一環として行われます。それらを踏まえた上で道徳科を学ぶことも、「探究的な道徳科授業」の前提となります。

加えて、学校には道徳教育の全体計画があり、道徳教育の重点目標が定められています。ならば、学校の教育目標と同様に、子どもに対して重点目標の理解を図ることが望ましいです。その過程で、重点目標を子どもに理解できる表現にする工夫もあってよいと考えます。

なお、重点目標を学校行事や学習と関連付けて掲示したり、学校だよりやウェブページに掲載したりして、子どもや保護者、地域の人々の理解を図ることも学習機会の充実につながります。

更に、学校運営協議会を設置している学校（コミュニティ・スクール）では、その協議会で、挨拶運動やボランティア活動など、子どもの道徳性育成に係る協議をすることがあります。協議会前（例えば、五校時など）に、重点目標に関わる内容項目を扱った道徳科授業を、保護者対象の参観授業として、または、学校運営協議会委員を対象として公開します。そして、引き続き、学校運営協議会を開催し、学校の授業や行事、地域での生活や活動などを踏まえて、道徳性の伸長について話し合います。模造紙と付箋紙を使って、協議題に沿ったアイデアを出して話し合うという形式が多いかもしれません。

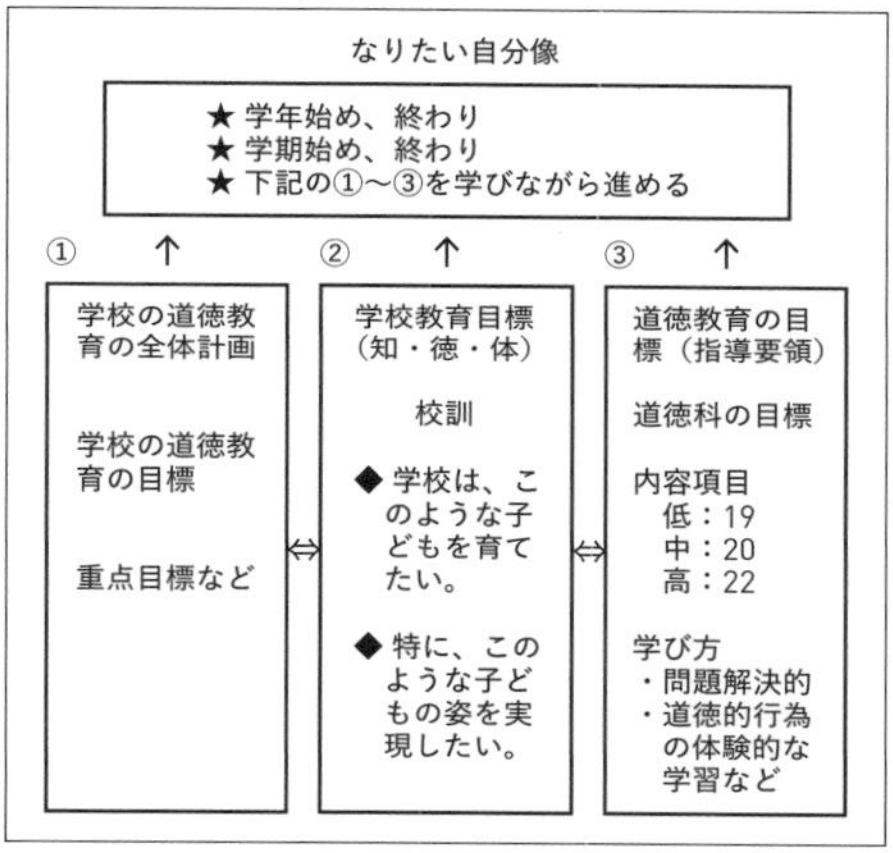
なりたい自分像
★ 学年始め、終わり
★ 学期始め、終わり
★ 下記の①～③を学びながら進める
①
学校の道徳教育の全体計画
学校の道徳教育の目標
重点目標など
②
学校教育目標（知・徳・体）
校訓
◆ 学校は、このような子どもを育てたい。
◆ 特に、このような子どもの姿を実現したい。
③
道徳教育の目標（指導要領）
道徳科の目標
内容項目
低：19
中：20
高：22
学び方
・問題解決的
・道徳的行為の体験的な学習など

また、学校運営協議会に、当該委員だけでなく、授業を受けた子どもたち、授業者、道徳教育推進教師や研修主任、接続する学校の教職員、ＰＴＡや地域の関係者が出席し、公開した授業や学校の道徳教育の推進について協議することも、道徳教育の振興に効果があります。

協議の内容や結果を他の子ども、保護者、地域に周知し、学校関係者全員で共有すること、そして、何よりも、その後の教育活動の一部に具現化、実現することが必要です。

2 更に探究する道徳科授業にするために

主体的かつ効果的な学び方を子ども自らが考えられるようにする

道徳科が他教科、領域と異なるのは、「探究する対象」です。道徳科の場合は、「なりたい自分」、「望ましい自分のあり方」、「自己（人間として）の生き方についての考え」などです。内容項目、道徳的価値も探究する対象ですが、それを通して、「自分（自己）」を考えます。

そこで、探究する道徳科授業を更に充実するためには、「道徳科における主体的かつ効果的な学び方を児童自らが考えることができる」（解説道徳編）ようにすることです。「学び方を自ら考える」ことは「主体的な学び」の中核ですし、学び方を自ら考える（あるいは、考えざるを得ないと感じる）のは、道徳科授業の「学びの目的や価値」を子ども自身がしっかり理解しているからに他なりません。

子ども自らが考える主体的かつ効果的な学び方の一つが、本書の「思考の技法」なのですが、思考の技法は、授業全体（一時間あるいは、年間の道徳科授業）に効果的に位置付けるものです。そのため、今一度、単元の仕組み方、一時間の授業のつくり方など全体を「探究」という観点から検討し、思考の技法を生かしつつ、以下のように工夫することが必要となります。

子どもの問題意識と学習課題（めあて）や中心発問を一層関連付ける

子ども自らが主体的に学べるようにするために、まずは、子どもが納得する学習課題を設定することが大切です。そのために、一〇の思考の技法、三〇の観点を用い、より学びがいのある学習課題、あるいは中心発問や問い返し発問などにすることが求められます。

しかし、一人一人のなりたい自分像は異なりますし、教材から得る「考えたい事柄」も当然違います。したがって、子どもが考えたい学習課題をすべて取り上げることはできません。

ならば、学習課題の取り扱い方で今後工夫できることは、次の二つです。

一つは、事前の家庭学習などを活用し、子どもの問題意識などを教師が事前に把握し、教師が取り上げたい学習課題と、子どものそれとができるだけ重なるように工夫することです。これまでも、事前にアンケートを取って、子どもの実態や考えたいこと（問題意識、学習課題や「問い」と言われるもの）を把握することはありましたから、今後、それを更に推進します。そのことで、子どもの問題意識と教師の取り上げたい「学習課題」のずれを少なくし、子どもが「自分の考えたいことが取り上げられている」という感覚がもてるようにします。

この取組は、タブレットなどＩＣＴを活用するなら、これまで以上に容易に行うことができます。

重点目標などに関する授業では必ず行うなどして、魅力的な学習課題を設定します。

「１　比較　③順序づけ」の項で「学校のすきなところ」の授業を掲載しています。そこでは、学習課題提示（それは、中心発問でもありますが）を子どもが行っています。その当時「学びを委ねる」に関する研究をしていたこともあって、事前に教師と協議をして、子ども自身が投げかける授業スタイルを一部ですが実施していました。朝の話合い活動（フリートーク）を入学時から継続的に行っていましたから、このような授業が可能という実態もありました。

二つは、授業のはじめの部分で、子どもの考えたい個人の学習課題と実際に教師が提示する学習課題をできる限り関連付ける活動を仕組むことです。高学年や中学校では、「授業開始時に自分が個人としてもっていた『考えたい事柄』が、この合意した学習課題を解決する中で、同時に解決できたかどうか、終末で振り返ろう」と投げかけます。そのことで、自分個人が考えたい事柄をもち続けさせるようにします。

しかし、実際に、子どもが学級全体の学習課題を追求しながら、同時に自分の課題も考えることはとても難しいことです。そのため、授業が終わったタイミングで、改めて、最初にもっていた自分の学習課題に立ち戻らせ、それが解決できたか、また、どの程度解決できたのかを振り返り確認できるようにします。それならば、その子どもにとっての授業の意味が、それ以前よりは、よいもの、望ましいもの、すなわち、主体的、探究的になります。

学習活動の複線化（選択型）を工夫する

道徳科授業を探究的にするために、可能な範囲で学習活動を複線化（選択型に）することもできます。とは言え、一単位時間という短い学習中に学習活動を複線化することはとても困難なことです。そのため、ねらいを達成するという観点から複線化がどうしても必要で、また可能なら実施することとします。「道徳科における主体的かつ効果的な学び方を児童自らが考えることができる」（解説道徳編）というのは、常時、個人個人が別々の学び方をしているというのではなく、全体としては一つの学習活動を行うのだけれど、その学習活動を子どもが提案したり、主たる学習活動に関係する活動を工夫したりする、という意味だと捉えることにします。

その上で、「問題解決的な道徳科の学び」や「個別最適な学び（特に「学習の個性化」）」が提唱される中、いつも一斉の授業であってよいとは言えませんから、年間に少しでも多く、学習活動が複線化された授業を開発、工夫する取組をこれまで以上に行っていきます。

学習活動の複線化（選択型）には、概ね、次の五種類があります。

Ⓐ学習相手選択	Ⓑ学習箇所選択	Ⓒ学習方法選択	Ⓓ教材選択	Ⓔ指導者選択

Ⓐ学習相手選択　意見交換する相手を自分の考えに従って選ぶことができる、または、自分一人で考え続けることも選べるという意味の複線化です。すでに多くの授業で実施されています。席

から離れて自由に友達を選び、感想、意見を交流するという学習スタイルです。
「なぜ、その相手と交流するのか」に、その子どもの選択の意味があります。必然性のようなものです。①事前に何の配慮もない場合、②交流人数や時間を指定した場合、そして、③誰がどのような意見をもっているのかを予め一覧（例えば、全員のネームカードでそれぞれの立場が黒板上に明示してあるなど）できるようにした場合では、選択の意味が異なります。

Ⓑ学習箇所選択　第Ⅱ章「課題把握（関心事）」での「七つぼし」の実践、第Ⅲ章「るっぺ　どうしたの」の実践では、子ども自身が考えたい教材の場面を選択できるようにしています。それぞれが選択した別々の学習箇所（教材場面）を対象に、同じ学習方法で学びを進めます。自分なりに関心がある箇所なので意欲的に取り組めます。すべての学習箇所を前から順々に話し合うには、それ相応の時間が必要ですし、一人一人の子どもがすべての箇所に関心をもっているわけではないので、学習箇所選択は有効です。ただし、どの箇所を選択したとしても、後で話合い活動などをしなければ、全員が同じような認識が得られません。そのため、どんな教材や学習過程でも、選択型にできるわけではないので、よりよい教材研究が求められます。

Ⓒ学習方法選択　第Ⅱ章の技法やその観点で紹介した具体的な学習の進め方、思考ツールも含めた手法を複数提示し、子どもがその一つを選択して学ぶというものです。
例えば、低学年でもよく使った複数の方法として、「道徳スケールで人物の行ったことの善し悪し

を考える」と「人物の善し悪しを手紙形式にして人物に伝える」のどちらかで考えるという選択や、「人物の気持ちを吹き出しに書いて想像する」と「人物と自分（子ども）が鉛筆対談をして人物の気持ちを想像する」という選択などです。

思考ツールを選択するのも一般的になってきたのではないでしょうか。特に、Y、X、Wチャートなどは分類の数に応じて任意に選択できますし、クラゲチャートで理由を明確にする子どももいれば、道徳ノートに人物の行為の動機や意図を書いて考える子どももいます。

ICTの積極的な活用も含めて、大切なのは、方法選択の子どもなりの理由です。その手法に慣れている、得意だということも妥当な理由です。それに加え、善悪をはっきりさせたいからこの方法、気持ちをしっかり考え伝えたいからこの方法などのように、目的と手法が対応するように指導していくことが必要となります。長い期間をかけて指導を進めます。

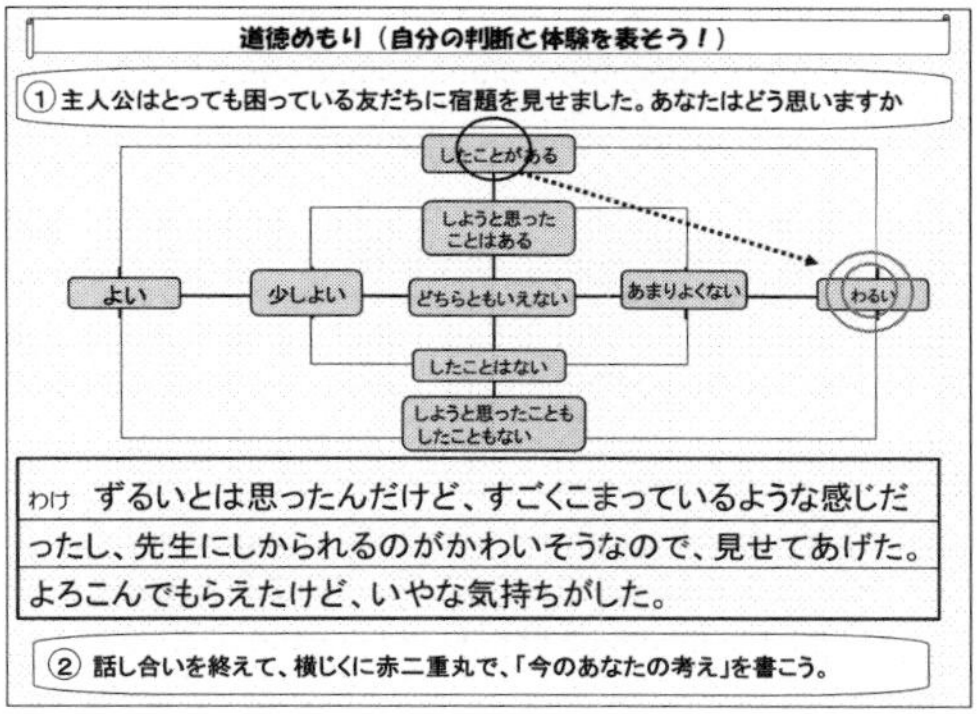

道徳めもり（自分の判断と体験を表そう！）
①主人公はとっても困っている友だちに宿題を見せました。あなたはどう思いますか
したことがある
しようと思ったことはある
よい
少しよい
どちらともいえない
あまりよくない
わるい
したことはない
しようと思ったこともしたこともない
わけ　ずるいとは思ったんだけど、すごくこまっているような感じだったし、先生にしかられるのがかわいそうなので、見せてあげた。
よろこんでもらえたけど、いやな気持ちがした。
②話し合いを終えて、横じくに赤二重丸で、「今のあなたの考え」を書こう。

道徳目盛り

Ⓓ教材選択　学習箇所選択の延長に、教材選択があります。

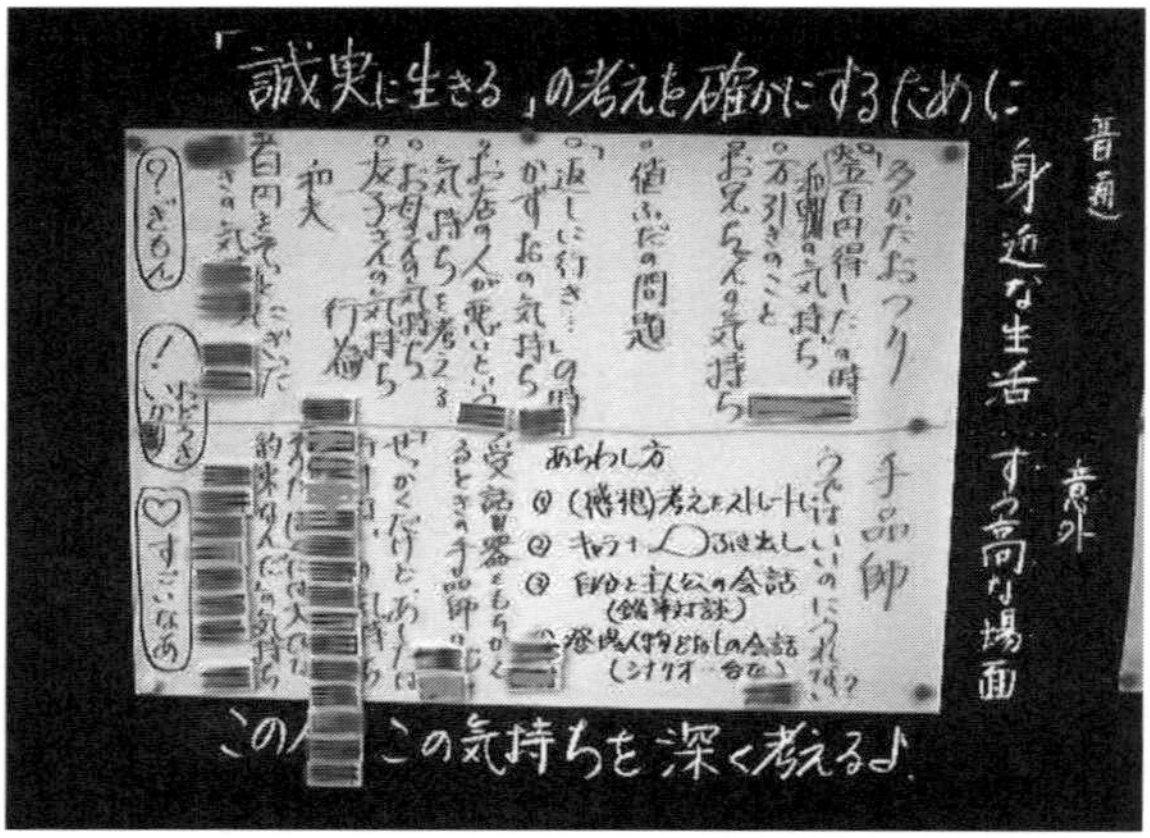

現行の教科書の中には、二、三の教材をひとまとまりにした「単元的な学習」を行う場合があります。この場合、複数の教材を前から順に学ぶのが一般的です。

教材選択という場合は、どちらか一方しか学ばないというのではありません。当該内容項目が未履修になる可能性があるからです。したがって、教材選択とは、双方の教材を通常よりも比較的短い時間で順に学んだ後、自分の関心や目的意識に応じて、再度詳しく学ぶ時間を確保し、自分なりの学びを深める学習を行うものです。発展的なグループ学習や個別学習というイメージです。

上の写真は、「誠実に生きる」ということについて、二つの教材「多かったおつり」と「手品師」で順に学んだ後、もう少し考えたい教材と場面をネームカードで選択し、グループまたは、個人で考えを深めたものです。単元の最後には、再度、交流の場面を設け、「正直、誠実」についての価値理解と自己理解を深められるようにしました。なお、この実践は、同じ内容項目の二つの教材を一つの単元に構成したもので、教科書導入以前の取組です。違う内容項目で単元を構成し、単元の後半の一部で、教材選択する授業も可能です。

Ⓔ指導者選択

ティームティーチング（ＴＴ）で授業を行う際は、子どもの希望や願いを生かし二つのグループに分け、それぞれに指導者が付くことができます。二つ紹介します。

一つは、同学年の先生とＴＴを行い、学習箇所（場面）選択をした授業です。二つの場面の人物の行為のうち関心の高い行為（場面）一つを選び、一つは教室後ろで同学年の先生と、もう一つは前方で私と学びました。どちらの学習場面も興味深いですから、授業後半に全体で話し合い、価値理解と自己理解を深めました。この授業は、指導者選択というよりも、学習箇所選択に教師が一人一人付いたという形態です。道徳科の少人数指導（学習）というイメージです。

もう一つは、音楽専科の先生とのＴＴです。「赤い紙風船」という曲の歌詞を使った授業です。歌詞にある、まんまるやペシャンコにもなる赤い夢見る紙風船について考えます。音楽の先生と学ぶか、担任の私と学ぶかという指導者選択型（同時に、学習箇所選択、課題選択、学習方法選択などを工夫できます）の授業です。一つめ同様、道徳科の少人数指導（学習）です。

中学校では、担任に加えて副担任もローテーションに入り、道徳科授業を行うことがあります。ならば、ＴＴでの指導者選択型の授業の可能性はかなり高いし効果的だと思われます。

また、特に小規模校では、ＩＣＴを活用して、他校の子どもとリモートによる合同授業を行うことが増えてきました。それも、これらの五つの選択型の学習を実現できる場となります。

一〇の思考の技法と三〇の観点の今後

今後の課題は、いくつかありますが、概ね二つに分けて示せます。

一つめは、道徳科において、思考の技法の指導と学習が、今以上に必要になっていくという理解が進むことです。他教科、領域同様、あるいはそれ以上にです。私は、その必要性について、「思考の技法は道徳科の学習内容である」と述べてきました。

いずれにしても、思考の技法・観点から授業づくりや授業評価、子どもの姿の検討などを進める動きが醸成されることが課題です。道徳科授業の「主題」「ねらい」「発問」「学習活動」「支援」「評価」などに加えて「思考の技法・観点」も視点にして授業づくりをするのです。例えば、指導案に「多面的・多角的に考えるための支援」という項目や欄を設けるなどして、発問と同様、思考の技法・観点を書き込むなどの取組を進めるとよいかもしれません。

二つめは、これまで以上に、具体的な思考の技法や観点を考え、広げ、深めることです。具体的な教材や学習活動に即した思考の技法・観点を吟味、検討するのもよいですし、今後更に、各技法・観点のよさや課題などを明確にすることも必要でしょう。第Ⅰ章にも書いたとおり、今回提示の技法や観点には多くの重なりも抜けもあるでしょう。本書をまとめる際、例えば、「共感」や「構造化」は入れませんでした。また、私の授業ではよく使っていた「類比」も当初、技法・観点に取り上げる予定でしたが、最終的に外しています。このように、新たな観点を入れたり省いたりして、今回示したそれぞれの技法・観点の違いや効果を明らかにすることは、子どもの学びを豊かにすることに強くつながると考えます。

そのため、まずは、教師が思考の技法について意識して学び続けます。そして、それらのよさや活用の方法を知った上で、それらを次第に子どもに学ばせ、使えるようにしていきます。一度に全部の技法や観点を学ばせることは現実的ではありません。また、子どもに無理に教え込んで使えるようになるとも考えられません。

ならば、教師が事前研究と授業中の支援を行う中で、子どもが自然に使った技法を見付け、振り返り活動で価値付けながら子どもの中に蓄えさせ、以後使えるようにします。また、思考の技法を意図的に取り入れた発問や問い返しを工夫し、思考を活性化する授業を継続します。

終末の振り返りで、発問の意図や活用している技法を子どもに理解できるようにすることも、今後の授業改善の一つです。道徳科ならではの思考の技法と観点を更新し、道徳科授業の目標を達成する中で、子どものなりたい自分像の実現を支えます。

道徳科で活用する思考の技法を活用した取組や研究が、子どもの道徳好きを増やし、なりたい自分像に近づくための一つの有効な手段になると確信しています。

あとがき

現行の道徳科では、「物事を（広い視野から）多面的・多角的に考える」ことが重視されています。それには、思考の技法を柔軟に使いこなす子どもに育てることが必要です。

では、道徳科における思考の技法とは何か、どのようなよさがあるのか、授業ではどう使えるのか、実際にどう使ってきたのかをわかりやすく示す、というのが本書のねらいでした。

道徳科授業を思考の技法からみる（観る、診る）ということです。

そこで、まず、一〇の思考の技法と三〇の観点を設定しました。そして、その一つ一つが、あるいはいくつかが、これまでの自分の実践に生かされた様子を、教師の働きかけと子どもの姿で確認し、検討、評価することとしました。できるだけ多くの実践を通してです。

また、本書は、私が思考の技法の中で最も大切だと主張している「分けて比べる（類別対比、対比検討）」ことを拡張、発展、整理するという位置付けです。「分けて比べる」と一言で言っても、内容は実に多様だからです。その多様な「分け方、比べ方」を思考の技法として一〇、観点として三〇に「分けて比べて示した」ということになります。

また、「探究する道徳科授業」についても提案、検討、整理しました。第Ⅰ章と第Ⅳ章でその要件などを述べていますが、第Ⅱ章、第Ⅲ章で紹介している思考の技法を活用した授業そのものも、探究する道徳科授業の姿の一部だと考えます。思考の技法の活用と探究的な道徳科授業の実現は密接に関連しているため、双方とも今後の重要な課題です。

どのような道徳科授業を行うにしても、忘れてならないのは、「学びの主役が子ども」だということ、そして、教師や関係者は、子どもの「なりたい自分像」実現のための「伴走者」だということです。前からぐいぐい引っ張るのではなく、また、後ろから背中を強く押すわけでもない。横少し後ろを子どもと一緒に走って（あるいは歩いて、ときには立ち止まり、後戻りもしながら）関わり続けていく、ということです。

一人一人の学習上の困難さの状況に配慮し、ユニバーサルデザイン化された学校、学級、授業づくりを一層推進する中でこそ、思考の技法が生きます。そのため、思考の技法に着目しすぎる授業づくりは、ときに、子どもから乖離することが懸念されます。十分留意して実践や研究を進めなければならないと心に留めています。

大切なのは、道徳科の目標を踏まえた「子どもの育ち」です。

さて、本書の刊行に際し、これまで多くの道徳教育研究者、実践者の方々にご指導いただきました。また、日本授業ＵＤ学会の方々、やまぐち道徳教育サークル（日本授業ＵＤ学会道徳支部）のみなさんにも、様々なことを教えていただいています。

更に、山口大学大学院教育学研究科の各先生方、院生のみなさんには、多様なご指導、ご示唆をいただきました。ありがとうございました。

そして、このたび、出版の機会をいただきました東洋館出版社の大場亨さんには、終始温かい言葉で励まし続けていただきました。お陰様で、何とか本書をまとめることができました。厚く感謝申し上げます。

最後になりましたが、今回掲載した実践をさせていただいたすべての学校の子どもたちと先生方に厚くお礼申し上げます。

令和六年二月

坂本　哲彦

【著者紹介】
坂本　哲彦（さかもと　てつひこ）
山口大学大学院教育学研究科教授（特命）
山口県生まれ。山口大学卒業、山口大学大学院修了。山口県内公立小学校教諭、山口大学教育学部附属山口小学校教諭、山口県教育庁指導主事、山口県内小学校教頭、校長を経て、現職。「小学校学習指導要領（平成29年告示）解説 特別の教科 道徳編」作成協力者、日本授業UD学会理事、教師の“知恵”.net事務局
著書に『道徳授業のユニバーサルデザイン』（2014年）、『「分けて比べる」道徳科授業』（2018年）、『教科書教材でつくる道徳科授業のユニバーサルデザイン』（編著、2019年、以上東洋館出版社）他

「探究する道徳科授業」のための思考の技法

2024（令和6）年4月6日　初版第1刷発行

著者　坂本 哲彦
発行者　錦織 圭之介
発行所　株式会社東洋館出版社
〒101-0054　東京都千代田区神田錦町2-9-1
コンフォール安田ビル
代　表　電話03-6778-4343　FAX03-5281-8091
営業部　電話03-6778-7278　FAX03-5281-8092
振替　00180-7-96823
URL　https://www.toyokan.co.jp

印刷・製本　岩岡印刷株式会社
装丁・本文デザイン　米倉 英弘（株式会社細山田デザイン事務所）

ISBN978-4-491-05447-6
Printed in Japan